Trübner

TRÜBNER

KLASSIKER DER KUNST

IN GESAMTAUSGABEN

SECHSUNDZWANZIGSTER BAND

TRÜBNER

STUTTGART UND BERLIN
DEUTSCHE VERLAGS-ANSTALT
1917

Frankfurt a. M., Städelsches Kunstinstitut

Auf Leinwand, H. 1,50, B. 1,00

Selbstbildnis zu Pferde

The artist's portrait, on horseback

1901

Portrait de l'artiste, à cheval

TRÜBNER

DES MEISTERS GEMÄLDE

IN 450 ABBILDUNGEN

HERAUSGEGEBEN

VON

JOS AUG BERINGER

STUTTGART UND BERLIN

DEUTSCHE VERLAGS-ANSTALT

1917

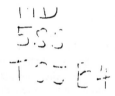

Druck der Deutschen Verlags-Anstalt in Stuttgart
Papier von der Ersten Deutschen Kunstdruck-Papierfabrik Carl Scheufelen in Oberlenningen-Teck (Württemberg)

WILHELM TRÜBNER

SEIN LEBEN UND SEINE KUNST

Für eine zusammenfassende Betrachtung von Wilhelm Trübners Lebenswerk gibt es zwei Unterlagen. Sein Malwerk offenbart uns die Entwicklung seiner malerischen Begabung von ihren Anfängen bis in unsere Zeit. Seine literarischen Äußerungen („Personalien und Prinzipien“) lassen uns den Charakter erkennen, in dem seine künstlerischen Eigenschaften ruhen und wirksam werden. Begabung und Charakter sind die zwei Pole, um die das Leben eines führenden Künstlers kreist.

Die Begabung bestimmt seine besondere künstlerische Art und Ausdrucksweise, seine Individualität als Künstler. Sie gibt ihm das mit auf den Lebensweg, was ihn von der Vergangenheit und ihrer Überlieferung trennt und in die Zukunft mit ihren Aufgaben weist. Sie bestimmt das nur ihm Eigene, das Unterscheidende.

Ein höchst verfeinertes Sinnenleben kann den Dingen der Umwelt neue, ungeahnte Reize abgewinnen, kann die auseinanderliegenden Bereiche zur Harmonie zusammenzwingen, kann einen zauberhaften Schimmer von Schönheit über die Stoffe des Alltags breiten und ihre Form und ihr Wesen durch sinnlichen Zauber und Reiz verklären.

Solcher Art sind bildnerische Künstler, Gestalter, Schönheitsprediger, Wegweiser. Und solcher Art ist Wilhelm Trübner, dessen Begabung darauf ausgeht, das Reich der Schönheit in der Sachlichkeit des Gegenständlichen und im farbigen Glanz zu entdecken und zu mehren.

Aber auch die stärkste Begabung irgendeiner Art wird sich und ihre Welt nicht erfolgreich zum Ausdruck zu bringen vermögen, wenn ihr nicht im festen Charakter eine Stütze und ein Leitstern beigegeben ist. Im Charakter sind verankert alle Vorbedingungen zur Eigenart, ruht die Sicherheit, mit der das in der Begabung vorgezeichnete Ziel unentwegt verfolgt und erreicht wird. Der künstlerische Charakter verbürgt trotz aller Hemmungen und Widerstände doch die endliche Anerkennung, das Sichdurchsetzen. Er ist das Gerüst, das der Begabung feste Form, Gesetzmäßigkeit gibt. Er ist des Künstlers beste, meist aber auch leidvollste Mitgift ins Leben und in die Verhältnisse, die sich seiner Festigkeit entgegenzustemmen pflegen.

Trübners Begabung liegt in seinem unbedingten Sinn für die farbige Erscheinungswelt, für die Wahrheit der Form, für die Einfachheit und die Vereinfachung seiner Gestaltungen.

In Trübners Charakter liegt es, daß er diesen Veranlagungen seines künstlerischen Wesens treu geblieben ist, treu, trotz aller anders gearteten Forderungen und Wünsche der Zeit und des Lebens.

Mit einer unmittelbaren Kraft hat er die seinem Wesen förderlichen Mittel und Wege, die ihm gemäßen Lehrer und Förderer gesucht und gefunden. Mit einer unerbittlichen Folgerichtigkeit hat er alle Seiten seiner Begabung entwickelt und ausgebildet, in unermüdlicher Übung seine künstlerischen Kräfte gestählt und gesteigert. Wenn irgend ein Künstler des 19. Jahrhunderts, so hat Trübner den Erfolg sich kraft seiner Begabung und seines künstlerischen Charakters gegenüber den Gegenströmungen und Widerständen seiner Zeit erzwungen. Seine von vornherein durch ihre rein auf das Künstlerische und Sachliche eingestellte künstlerische Haltung ist so entschieden querständig zu den gegen Ende des 19. Jahrhunderts anerkannten und gültigen Richtungen — obschon Trübner sich ganz aus der künstlerischen Überlieferung der alten Meister, zunächst der Niederländer und der Deutschen, dann auch der Spanier und Italiener, heraus entwickelt, wodurch er sich in Gegensatz zu der durch Piloty in München eingeführten französischen Malweise stellt —, daß die damals herrschende Kunstschreibweise und das Kunstrichtertum seinem Schaffen weder Beachtung noch Bewertung zuwandte. Gegen dieses Totschweigen mußte Trübner sich mit der Feder zur Wehr setzen. Er gab 1892 anonym „Das Kunstverständnis von heute" (bei Caesar Fritsch, München) und 1898 „Die Verwirrung der Kunstbegriffe" (bei der Literar. Anstalt Rütten & Loening, Frankfurt a. M.) heraus. Diese beiden Schriften wurden später mit lebensgeschichtlichen und anderen Äußerungen persönlicher und grundsätzlicher Art unter dem Sammeltitel „Personalien und Prinzipien" (bei Bruno Cassirer, Berlin) vereinigt herausgegeben.

Wer heute die (1907 erschienenen) „Personalien und Prinzipien" von Trübner zur Hand nimmt, wird zunächst durch die entschiedene Kampfstellung überrascht sein, die der damals bald sechzigjährige Meister schon auf den ersten Seiten, also zu seiner Frühzeit, einnimmt. Wer dann die Tatsachen, wie sie schlicht und wahrheitsgemäß von Trübner berichtet werden, den bald nach Erscheinen dieser Schrift einsetzenden großen Erfolgen auf künstlerischem Gebiet gegenüberstellt, wird das früher fast völlige Versagen der Kunstwelt gegenüber dem Schaffen Trübners um so weniger verstehen, als der Meister seine zur jetzigen Zeit sich höchster Schätzung und aller Anerkennung erfreuenden Werke gerade in der Frühzeit geschaffen hat.

Die Frage erhebt sich: wo liegt das der Trübnerschen Kunst Eigentümliche? Ist die anfängliche Ablehnung dieser Kunst in den vom Künstler gewählten und bevorzugten Stoffen zu suchen? Ist sie in seiner Ausdrucksweise begründet? Oder hat Trübner von Anfang an eine zum Kunstschaffen der Zeit und der Vorfahren entgegengesetzte Stellung? Nichts von alledem! Weder hat Trübner zu Beginn seiner künstlerischen Laufbahn absonderlichem Inhalt in seiner Malerei sich zugewendet, noch hat er eine besonders auffallende Vortragsweise (Technik) gewählt, noch fällt er mit Stoff und Vortragsweise aus der Zeit heraus. Nichts ist ungewöhnlich, — als daß er von den ersten Schritten auf seiner Künstlerlaufbahn an mit einer hellseherischen Sicherheit seinem Stern folgt und unbekümmert um Anerkennung oder Mißerfolg diesen Weg innehält: „Strenge der Zeichnung und höchste koloristische Behandlung."

Man ist, heute noch, — auch bei voller Anerkennung der jeweiligen Leistung — geneigt, dem Lebenswerk Trübners eine gewisse innere Unruhe, wenn nicht einen Bruch zu unterschieben. Die Frühwerke hätten mit den Spätwerken keine Beziehungen mehr, der Bruch zwischen ihnen sei durch eine Übergangsperiode der Unausgeglichenheit und Unklarheit im Inhaltlichen und Technischen bezeichnet.

Nichts ist verkehrter, nichts unrichtiger! Als Beweis gelten die Werke der Bildnismalerei der mittleren Periode mit ihrer ungeheuer sicheren formalen und maltechnischen Folgerichtigkeit, die in steigender Linie aus der Frühzeit in die spätere Malweise hinüberführt. Das Bildnis ist die festgefügte Brücke aus der von Überlieferung beherrschten Malerei des jungen Trübner in die selbstwüchsige und selbstgezüchtete Vortragsweise der späteren Zeit, mögen die Versuche inhaltlicher und technischer Art in der mittleren Zeit auch noch so mannigfaltig sein. Der kaum zwanzigjährige Meister hat ebenso klassische Leistungen innerhalb seines Gebietes aufzuweisen wie der sechzigjährige. Die Zwischenperiode der achtziger Jahre gilt der Zusammenfassung und Vereinfachung der Kunstmittel seiner ersten Schaffensperiode und außerdem der Erweiterung seines Kunstschaffens durch Stoffe, Mittel und Ausdrucksformen völlig selbständiger Art.

Berlin, Kupferstichkabinett der Kgl. Nationalgalerie

Dragonereinjähriger M. H.
Kohlezeichnung, 1875

Für den Künstler gibt es zwei Urgebiete: seine Außenwelt, seine Seelenwelt; seine Anschauungen, seine Vorstellungen. Trübner ist kein Künstler, der im Sinne vergangener Kunstweisen, etwa der Nazarener oder der Romantiker, geisteswissenschaftliche, seelisch anregende oder theatralische Untergründe für sein Schaffen in Anspruch nähme. Er ist also weder malender oder zeichnender Geschichtschreiber, Unterhaltungsschriftsteller, Dichter, noch Schauspieler oder Rätselsteller. Für ihn ist, wie bei den alten Meistern, vielmehr die schaubare Umwelt vorzugsweise, ja ausschließlich der Rohstoff, an dem seine Natur sich kundgibt. Er ist ein Beschaulicher, Anschaulicher. Er bekennt deshalb von seiner Jugend ganz treffend: „Für Begebenheiten hatte ich wenig Interesse; dagegen ein offenes Auge für die Welt der Erscheinungen um mich her, und so sind mir diese haften geblieben, während jene meinem Gedächtnis nahezu entschwunden sind."

Damit ist das künstlerische Geburtsrecht, die Einstellung Trübners auf sein künstlerisches Ideal klar und unzweideutig gegeben: die Welt der Erscheinungen um ihn, genau wie bei den größten Meistern aller Zeiten und Völker

Es gehört zum Reizvollsten, die Entwicklung und Entfaltung zu verfolgen, die dieses gewissermaßen in einer Angel ruhende Künstlerleben beherrscht Hier ist Reichtum und Vielfältigkeit des malerischen Ausdrucks, ein ungeheuer folgerichtiges und unbeirrtes Aufsteigen aus Überlieferungen zu neuen Gesetzlichkeiten, wie zu neuen Freiheiten, und eine eherne Ruhe und Sicherheit, das Glück und den Erfolg als Künstler sich zu erzwingen, eine besondere Begabung eigenster Art, die mit einem durchaus eigenartigen künstlerischen Vermögen zu wirtschaften und Einflüsse sowie Widerstände und Gegenströme sich und seiner Natur dienstbar zu machen weiß

Dieser „kategorische Imperativ“ künstlerischen Schaffens, der nie nachgab und lieber die Arbeit niederlegte, als ein kunstfaules Zugeständnis machte, war von Natur aus auf Selbstzucht gestimmt, die als „Strenge und kritische Natur“ von Vaterseite her im Blute lag Was von außen her auf diese schwankungslos eingestellte Natur einwirkte, dient mehr zur Sichtung und Klärung als zur Bereicherung des Eigenen Auch die stärkste Unterströmung des Künstlers von Leibl her, die bei Beurteilung von Trübners Schaffen oft übermäßig betont wird, ist mehr eine Entwicklung und Entfaltung der eigenen stofflich und technisch bedingten Natur an einem ähnlich gearteten Wesen, als ein Übernehmen und Verarbeiten vorbildlicher Stoffe und Techniken Die Nebeneinandersetzung und Vergleichung von malerischen oder graphischen Werken Leibls und Trübners beweisen sofort die grundsätzliche Wesensverschiedenheit beider Naturen, beider Werke Mag man Leibl die unmittelbarere, weichere, elastischere künstlerische Kraft zubilligen, so wird man Trübner die urtümlichere, kantigere und unnachgiebigere Natur nicht versagen dürfen Das stimmt in den Verhältnissen genau mit der Abstammung beider Künstler überein dort der weichere Rheinfranke, hier der in unaufhörlich sich folgenden Kultur- und Kriegskatastrophen härter und zäher gewordene Neckarfranke Aus den Wirklichkeiten schöpfende Franken sind beide, wie auch Feuerbach und Schuch, die im Leben Trübners eine Rolle spielen unbeirrbar folgerichtig in der Verfolgung des ihnen von Natur aus innewohnenden und eingepflanzten Ideals

Diese fast unduldsame, kampfbereite Unbeirrbarkeit im Weg, auf dem alles Hemmende, Unfordernde zur Seite geschoben, alles der eigenen Natur Gemäße gesucht, gefunden und zur Entfaltung gebracht wird, ergibt sich aus dem Leben und Schaffen Trübners wie auch aus dem Familienkreis, dem er entstammt Die Wohlhabenheit, der sich das väterliche Haus des Goldschmiedes und Stadtrates Georg Trübner erfreute, gab im Kampf um den Erfolg in der Kunst von vornherein einen festen und gesicherten Boden Der väterliche Hinweis auf den Geldbeutel, der dem dritten Sohn, dem Künstler Wilhelm Trübner, „offen sein solle, so oft er komme“, ist ebenso bezeichnend für die väterliche Auffassung, in welcher Weise eine gründliche und weitgehende künstlerische Ausbildung sichergestellt werden müsse, wie die Erklärung Trübners vom „Erfolg“ „Alle idealen Erfolge und auch alle Verkäufe zu niedrigen Preisen sind nicht unter die großen Erfolge zu rechnen Erst wenn die hohen Preise bezahlt werden und die Bilder Spekulationsobjekte geworden sind, erst dann gilt ein Künstler für berühmt “

Der Entwicklungsgang Trübners ist zu einfach, als daß man von umwälzenden Einschnitten sprechen könnte Trotzdem fehlt es nicht an starker Abwechslung zwischen unbefriedigenden und interessanten erfolgreichen Zeiten Man kann schon die Sicherheit des natürlichen Triebes bewundern, der den Kunstjünger das seiner Natur Unzukömmliche meiden und das ihr Gemäße und Richtige suchen ließ

Wilhelm Trübner ist am 3. Februar 1851 als dritter Sohn des Goldschmiedes Georg Trübner zu Heidelberg geboren. Seine Eltern waren beide großzügige Naturen, fern aller Engigkeit im Denken und Urteilen und deshalb beliebt und angesehen bei allen, die mit ihnen in Berührung kamen. In seiner Kindheit „erregten die militärischen Bilder sein ganzes Interesse, und das Kolorieren der Uniformen bildete seine Lieblingsbeschäftigung“. Geschichtliche Stoffe übten auf ihn, sowohl in den Nachbildungen der damaligen deutschen Meister, wie auch in den Geschichtsvorträgen seines Lehrers, des Geschichtschreibers Dr. Gg. Weber, große Anziehungskraft aus.

Der Vater, der die zwei älteren Söhne bereits einkömmlichen Berufen zugeführt hatte, konnte dem Künstlerberuf des dritten Sohnes wenig Vertrauen entgegenbringen. Von den Heidelberger Künstlern hatten weder die Brüder Fohr, Rottmann, Fries und Schmitt, noch auch Götzenberger, Rahl, Roux, Happel und Aug. Wolf bei aller Berühmtheit sogenannte „große Erfolge“ errungen.

Auch A. Feuerbach, der die Sommermonate regelmäßig bei seiner Stiefmutter in Heidelberg verbrachte, stand noch im Kampf um den Erfolg. Aber Feuerbachs Einfluß und Urteil wurde doch entscheidend für den jungen Trübner. Dieser sah die in den sechziger Jahren entstehenden hohen Werke Feuerbachs „der Reihe nach“ in der Wohnung der Henriette Feuerbach und erfreute sich des persönlichen Umgangs mit dem gereiften Meister. Feuerbach befürwortete das Ergreifen der Künstlerlaufbahn bei Trübners Vater. Damit war das Tor zur Kunst aufgetan.

Im Herbst 1867 zog Trübner nach Karlsruhe und blieb das ganze Jahr hindurch als fast „einziger Schüler“ in der Gipsklasse bei Rud. Schick. Auch von Hans Canon, der durch viele künstlerisch überaus gut gemalte Bildnisse und dekorative Kompositionen Aufsehen erregt hatte, konnte Trübner sehr viel lernen. Fedor Dietz, der Schlachtenmaler, gab durch Vorträge ästhetischer und kunstgeschichtlicher Art und persönliche Aussprache manche Anregung und vermittelte persönliche Beziehungen für München. Er war es auch, der zum Besuche der Münchner Akademie riet. Trübner hätte gerne Lindenschmits Privatschule gewählt, an den er gut empfohlen war, folgte jedoch dem Wunsche der Eltern, die Akademie zu besuchen, obgleich er voraussah, daß der Klassenunterricht bei einem akademischen Lehrer ihm nicht das bringen würde, was er durch Privatunterricht bei einem hervorragenden Meister erreicht hätte. Gegen Ende des Schuljahres, im Sommer 1869, wurde die für die deutsche Kunst bedeutsame internationale Ausstellung im Glaspalast veranstaltet. Auf ihr stellten neben Feuerbach, Leibl, Canon, V. Müller, Böcklin usw. auch Couture, Courbet, Manet, Doré und andere Meister aus. „Ich erkannte,“ fährt Trübner in seinen „Personalien“ fort, „daß das, was mein Malschulprofessor Alex. v. Wagner von mir verlangte, gute Köpfe (in der Art Holbeins) zu malen, ich wohl am besten bei denen lernen konnte, deren Arbeiten auf jener Ausstellung diese seltene Fähigkeit deutlich zeigten, also von allen Malern des In- und Auslandes nur bei Canon und Leibl.“ Eine Besprechung dieser Erfahrung mit dem Vater hatte zur Folge, daß der Vater Trübner mit Canon, der aus dem gegnerischen Karlsruher Professorenkreis nach Stuttgart übergesiedelt war, wegen Aufnahme seines Sohnes in Verbindung trat. Canon (Hans v. Straschiripka) sagte sofort zu und empfing den jungen Trübner mit all der ritterlichen Herzlichkeit, deren sein temperamentvolles Wesen fähig war.

Canon hatte durch seine technisch virtuos gemalten Bilder anfangs der sechziger Jahre schon einmal die Karlsruher Kunstgeister belebt. Das großartige und vielseitige technische Können, die gründlichen Einsichten in die Malleistungen der alten Meister, der für einen Maler (und ehemaligen Offizier) hohe Bildungsstand und die aus seinem

Dogge, liegend
Bleistiftzeichnung, 1877

überlegenen Wissen in Anatomie und Kunstgeschichte und aus seinen Erfahrungen sich ergebende beherrschende Art wirkten mit vollem Zauber und aller Kraft auf den jungen Trübner. Wie unter den belebenden Strahlen der Sonne alle Wesen, so entwickelten Trübners Anlagen sich unter Canons Führung. Insbesondere die Bildnismalerei, auf die es Trübner, wie den großen Malern der Renaissance, in erster Linie ankam, gewann unter Canons meisterlicher Anleitung ausschlaggebendes Gewicht. Die Zehnzahl der Studienköpfe in dem Dutzend der Werke aus dem Werkstattverhältnis 1869/70 ist eine beredte Sprache, namentlich wenn man den „Alten Mann", den „Numismatiker" und „In der Kirche" im Auge behält. Diese drei Werke sind aus der malerischen Überlieferung hervorgegangen, wie nur Canon sie vermitteln konnte, und sind doch schon Vorahnungen, die Trübner zu Leibl und darüber hinaus führen. In dem „Alten Mann" lebt etwas vom Holbeinschen Geist, im „Numismatiker" der frühe Niederländer (etwa Roymersvale oder Massys), und „In der Kirche" ist das Holbeinsche durch reine Sachlichkeit, Zeichnung und Raumaufteilung bis an Leibl hingeführt. Trübner war damals für seine 19 Jahre erstaunlich sicher in dem, was er wollte, konnte und — nicht wollte. Weder in Zeichnung, noch in Farbengebung taucht ein Hinweis auf, daß Trübner Delacroix, Courbet und Manet 1869 gesehen. Sein Werk steht ganz in der deutsch-niederländischen Überlieferung und ihrer Entwicklung. Sie kommt nicht aus umstürzlerischer Gegensätzlichkeit zur Zeit.

Nachdem Trübner in Abwesenheit seines Meisters, der auf die Löwenjagd nach Afrika gegangen war, dessen Stieftöchter gemalt hatte, begab er sich auf seine erste „Kunstreise zur Besichtigung" der mittel- und norddeutschen Galerien, um ganz im Sinne seines Meisters Canon die Werke der alten Meister in den öffentlichen Galerien aufs eingehendste zu studieren, wozu dann später noch die Galerien des Auslandes kamen.

Canon siedelte bald nach dieser Zeit nach Wien über, und Trübner kehrte im Herbst 1870 nach München zurück, wo er die Diez-Schule besuchte und zum Schulhaupt freundliche Beziehungen pflegte. Man braucht den Einfluß von Diez nicht zu hoch anzuschlagen; aber man braucht auch nicht zu übersehen, daß Diez selbst ein sehr sicherer Zeichner und ein trefflicher Maler aus dem niederländischen Kreis der Brouwer, Wouvermann und Rembrandt-Nachbarschaft war. Gewisse Lichtführungen in den Frühwerken Trübners scheinen hier verwurzelt zu sein. Sie sind aus dem Leiblkreis heraus, wo es auf ganz andere Dinge ankam, nicht zu erklären. Trübner betont in seiner freidenkenden Art gern, daß man überall und immer von seinen Fachgenossen lernen könne; auch wie man es nicht machen solle.

Das Wintersemester 1870/71 an der Diez-Schule ergab für Trübner einen anregenden freundschaftlichen Verkehr mit dem von Karlsruhe her bekannten Verbindungsbruder Alb. Weber, der ihn mit dem von der Baukunst zur Malerei übergehenden Alb. Lang und dessen Freund K. Schuch bekannt machte. Schuch kam von einer „Inspektionsreise“ (d. h. der Suche nach landschaftlichen Vorwürfen) mit W. Leibl an den Standort der Malergruppe, nach Bernried, zurück. Leibls Anerkennung und Kritik waren entscheidend für Trübner. Seine Energie und sein Selbstvertrauen wurden aufs höchste angespannt. Lehrhafte Äußerungen und grundsätzliche Anschauungen wurden von Leibl auf Spaziergängen und im persönlichen Verkehr gegeben; Korrekturen aber nicht. Durch Leibl kam Trübner auch in Berührung mit Th. Alt, Haider, Hirth du Frênes, Sattler, Schider, Sperl und Thoma.

Dogge, stehend
Bleistiftzeichnung, 1877

Unverkennbar wirken jetzt Leiblsche Bilder und Technik auf Trübner: wieder entstehen eine ganze Anzahl von Studienköpfen und Ganzfiguren. Das Landschaftsmalen, das in Bernried gepflegt worden war, hat im Spätherbst einige kleine Architekturbilder und Landschaften in Heidelberg gezeitigt, darunter das „Kellerfenster“ des Otto-Heinrich-Baues des Heidelberger Schlosses (1870/71), das von einer reifen farbigen Haltung und Lebendigkeit ist. Aber nun begann wieder der „Parademarsch des Künstlers“: das Porträtmalen, das in der „Nonne“ (1871) und im „Schwarzhaarigen Mädchen mit der Halskrause“ (1871) zu den Hauptstücken dieser frühen Schaffensweise hinüberleitet, zum „Ersten Versuch“ (März 1872) und zu dem reinen Malwerk „Auf dem Kanapee“ (April 1872). Diese im Winter 1871/72 geschaffenen Werke entstanden in gemeinsamem Arbeiten mit K. Schuch, A. Lang und Maler Heinrich.

Wie rasch sich das malerische Element in dieser Zeit entwickelte und wie die Farbengebung Trübners sich mit hervorragender meisterlicher Reife bewährte, geht aus der Folge der genannten Stücke hervor, denen als reines Farbenstück noch die „Rosen und Orangen“ (1872) anzufügen wären, weil sie die gepflegte Stillebenmalerei der Lang, Schuch und Trübner aus dieser Zeit verdeutlichen. Die tiefdunkelrot glühenden Rosen, gegen die Kadmiumtöne der Orangen und gegen das neutralgraue Zinn gesetzt, geben einen Klang von größter Reinheit und Fülle.

Die Steigerung aber vom „Lesenden Mädchen“ über den „Violinspieler“ zu den Hauptstücken der frühen Meisterperiode („Erster Versuch“, „Auf dem Kanapee“) ist offensichtig. Im „Lesenden Mädchen“ (12. 1871) sind die warmen Fleischtöne des Gesichtes und der Schultern gegen das kalte, farblose Weiß des Hemdes gesetzt und stellen eine Verstärkung und Bereicherung der farbigen Absichten im „Studienkopf mit Halskrause“ und „Jüngling mit der Halskrause“ dar. Im „Violinspieler“ wird das farblose, warme Braun an Stelle des Weiß ins koloristische Problem eingeführt und bedeutet einen Schritt nach der glanzvoll gelösten Aufgabe im „Ersten Versuch“, der im März 1872 gemalt wurde. Hier bleibt alles im Ton dunkel- und hellbraun in gutem Sinne mit graublau-gelblich und ist im malerischen Geschmack und im Stoff niederländisch. Das Merkwürdigste an diesem Frühwerk ist die Lichtverteilung auf das Gesicht und die nahen Hände unten, sowie auf die entfernteren Bücher und Steingutgefäße oben. Alles ist noch in der Fläche angeordnet, reliefartig, wirkt aber durch die Lichtverteilung und Farbensetzung bereits räumlich, wozu die Fugen des Fußbodens, die Perspektive des Stuhlsitzes und die Schattenführung des Schrankes beitragen. Wären die Farben heller, so wäre schon der ganze Trübner in dem Bilde, nämlich: strenge Zeichnung (im Schrank, den dekorativen Mustern der Stuhllehne und im Krug, sowie die Schattenpartien), vereint mit feinster und weichster Maltechnik.

Der glänzendste farbige malerische Trumpf mit starker Raumwirkung ist aber kurz nachher ausgespielt worden in dem Bilde „Auf dem Kanapee“. Die Palette durchläuft in prachtvoller Verteilung und Zusammenstimmung alle Töne vom hellen Rot der Tischdecke bis zum dunkeln Grünblau der Tapete und setzt die Hauptgegensätze weiß-schwarz nebeneinander. Die Porträtfigur und die Einzelheiten sind meistermäßig dargestellt, d. h. sie sind mit der strengsten künstlerischen Gewissenhaftigkeit in Formgebung und Farbigkeit durchgeführt, so daß auch hier das Leichtfertige und Flüchtige schon vermieden ist, mit der sich die nach Deutschland eindringende und eingeführte französische Kunstweise des „Impressionismus“ ankündigte. Trübner blieb also in betonter Weise auf dem Boden bester deutscher Kunstüberlieferung, die in durchaus klarer und fester Formgebung und in ausgesprochener und doch ausgeglichener Starkfarbigkeit beruht. Nur das Vielerlei des Beiwerkes: gemusterte Stoffe, Strauß, Buch, wirkt vielleicht noch nicht mit der bei Trübner üblichen Vereinfachung, so harmonisch das malerische Ganze auch zusammenklingt.

Der Sommer des Jahres 1872 bringt neue Anregung und Erweiterung der malerischen Kultur. Lang ging in die Rhön, Schuch ins nahe Gebirge, und Leibl, nachdem er im Mai noch ein Brustbild von Trübner gemalt hatte, zog aufs Land nach

Grasselfing. Trübner und Thoma blieben in München. Da hörte Trübner von Thoma viel über den kürzlich verstorbenen Viktor Müller, der im Manetkreise verkehrt, und von Courbet, der stark und klärend auf Thoma gewirkt hatte, benutzte in dieser Zeit Thomas Atelier, die gleichen Modelle und malte u. a. seine „Prügelei". In der Kompositon locker, im Aufbau Leiblisch absichtslos, in der Bewegung noch gehalten, tritt dagegen das Bildnishafte und das tonig Gehaltene stark herausgearbeitet hervor. Das vielfigurige Bild ist von hohem malerischem Vortrag und von guter Raumwirkung. Wir sehen den ersten Anschlag für vielfigurige Bilder und den Keim der Lichtverteilung auf solchen. — Jedenfalls wichtig waren die Eindrücke, die Trübner von der Landschaftskunst Thomas bei dieser Gelegenheit erhielt.

Berlin, Kupferstichkabinett der Kgl. Nationalgalerie

Entwurf zur Gigantenschlacht

1876

Der Herbst des Jahres 1872 reift noch weitere köstliche Werke: „Im Atelier" und „Bürgermeister Hoffmeister", beide in Heidelberg gemalt, wo A. Lang als Ateliergenosse auch arbeitete. „Im Atelier" ist eine Komposition hinsichtlich der Licht- und Kontrastpunkte. Das Licht geht in zwei verbundenen Parallelen quer durch das Bild in Form eines Z: Kragen, rechte und linke Hand des Mannes oben, beide Hände der Frau unten, die durch Fächer und Gesicht mit der oberen Lichtlinie verbunden sind. Aber auch die Diagonale: Sessellehne, Fächer, Hand, rechtes Knie der Frau, Zigarette bilden ein System heller Flecken, die dem dunkeln Randstreifen entgegengesetzt werden. Alles das ist mit einer unbedingten Natürlichkeit und mit höchstem Geschmack in den zurückhaltenden Farben angeordnet. Die warmen und kalten Töne schichten den Raum von vorn nach hinten. Die Linienführung verstärkt die malerische Perspektive: Trübner modelliert jetzt den farbigen Raum. Deswegen erreicht er in seinem Hoffmeister-Bild bei rein sachlicher Nüchternheit die herrliche malerische Wirkung.

Mit dem Bildnis W. Hoffmeister, das im September 1872 zu Heidelberg gemalt wurde, tritt Trübner in die Reihe der großen Bildnismaler. Strenge der Zeichnung und doch malerische Weichheit, Klarheit und Plastik im Raum, Einfachheit und doch lebendige Wirkung im Stofflichen und Geistigen gehören als Notwendigkeiten zum Bildnis. Trübner nennt deshalb mit Fug und Recht das Porträt den „Parademarsch des Künstlers“, in dem er das Höchste an künstlerischer Zucht und kultiviertem Geschmack zu leisten und zu erweisen habe. Das Hoffmeister-Bildnis zeigt die Fruchtbarkeit der Leiblschen Lehre im Malerischen für Trübner, ist aber doch anders als ein gleichzeitiges Leibl-Bildnis. Vor allem ist seine malerische Form freier, weniger unterstrichen als Leibls Malerei, hinter der man immer noch ein Restchen Gegensatz zur damals üblichen Reichsmalweise fühlt. Es ist auch malerisch weicher und saftiger, Rubens' warme Fleischmalerei klingt an. Trübner verarbeitet hier von verschiedenen Seiten her empfangene Lehren selbständig und macht aus Einflüssen und Anregungen ein Eigenes.

Der Künstler, der nach dem Hoffmeister-Bild sich nach Italien verabschiedet, kann getrost den stärksten Kunsteindrücken entgegengehen, er wird sie aufnehmen und sich nicht verlieren. Er wird, wenn er ein Charakter ist, wieder als Ganzer und als Deutscher zurückkommen, wie er ging.

Der Sommer 1871 in Bernried und der Winter 1871/72 waren mit Lang und Schuch in fruchtbarer Arbeit im gemeinsamen Atelier zu München verbracht worden.

Für den Oktober 1872 hatte sich Trübner mit Schuch zu einer Reise nach Italien verabredet, nachdem er vorher mit Albert Lang zusammen in Heidelberg vor der Natur gearbeitet und studiert hatte. Sie trafen sich in Venedig und gingen über Florenz nach Rom, wo sie auf einem gemeinsamen Atelier arbeiteten. Die Galerien dieser Städte sind zwar gründlich studiert worden, aber nichts verrät irgendeinen Einfluß außer die Art der Modelle. Das Ergebnis des römischen Aufenthaltes ist der Zahl nach nicht sehr bedeutend, um so mehr dem malerischen Gewicht nach. Es entstanden der „Singende Mönch“, die erste Frucht einer Art Rembrandtscher Engführung des Lichtes, die dann „Beim römischen Wein“ und im „Selbstbildnis“ zu entscheidenden Lösungen gebracht wurde. Trübner arbeitet hier mit Hell-Dunkel-Wirkungen und geht auf malerisch zusammenfassenden Eindruck der vielen Einzelheiten aus. Beim „Römischen Wein“ strömt das Licht von links vorn auf das weiße Tischtuch, läßt Flaschen und Gesicht im Halbdunkel und webt um den Kopf ein geheimnisvolles, flimmerndes Leuchten, das durch die tiefen Schatten links und rechts noch gehoben wird. Beim „Selbstbildnis“ streift das Licht von links Tischtuch, Gesicht, Hemdbrust und verläuft in den beiden Händen, um aus dem durchsichtigen Helldunkel der Tapete in den stumpfen Farben des Musters mit durchdachter Feinheit erstmals den Ton der späteren großartigen Gobelinhintergründe anklingen zu lassen, die das ganze Gesichtsfeld mit farbigem Leben durchfluten.

Wundervoll ist der warme Fleischton gegen das kühle Weiß von Tischtuch und Hemd gesetzt. Samtweich wirkt das Stoffliche der Kleidung, prächtig ist die Figur als Kern des Bildes hervorgehoben und das Flaschenstilleben in die ihm zugeschobene Nebensächlichkeit gerückt — eine volle Meisterleistung vornehmer und beherrschter Farbengebung. Schuch hatte die Entstehung dieser Bilder miterlebt. Er hatte auch sein eigenes Bildnis in drei verschiedenen Fassungen, den „Neger mit der Geldbörse“ (Rauchender Mohr) nebst der „alten Frau“ (Stuttgart), das „Waldinnere mit schwarzem

Vogel“, sowie die vier Wildstilleben (Reh, Wildschwein, Enten und Fasanen) u. a. m., die Trübner 1873 in Heidelberg gemalt hatte, an sich gebracht. Diese letzteren Bilder sind Musterbeispiele für Schuchs Stillebenmalerei geworden, die dieser namentlich von 1876 bis 1880 in Venedig gepflegt hat.

Man könnte nun annehmen, Trübner habe es lediglich auf die Helldunkel- und Tonmalerei abgesehen. Aber die ersten Studien, „Pfingstrosen“, die noch bei Thoma im Atelier, angeregt von dessen „Weiße Rosen und schwarze Kirschen“ (1868) gemalt worden sind, und die im „Neger mit Pfingstrosen“ Anwendung finden, der „Zeitung lesende Mohr“, sowie „Rauchender Mohr“ (Kassensturz) zeigen doch, wie stark das Farbige in ihm nach Ausdruck drängt. Während beim „Singenden Mönch“ die Lichtpunkte noch stark zentral in das ringförmige Dunkel gelegt und damit der Mittelpunkt des Bildes betont ist, wird im „Mohr mit Blumen“ das Gewicht von der Bildwirkung auf die malerische Arbeit in zwei starken, diagonal gelegenen Gegensätzen gelenkt. Das Blumenstilleben links mit saftiger Frische und voller Glut der Farben, der Negerkopf scharf im Profil, mit fettig schwarzem Haar, braun im Gesicht, gegen den wolkig gehaltenen Hintergrund gesetzt. Diese, in gewissem Sinn noch effektvolle Leistung erfährt dann im „Rauchenden Mohren“ ein ins Reinfarbige gesteigertes Malexperiment von einwandfreier Meisterschaft und Haltung.

Mit großer Breite und Freiheit in der Pinselführung setzt Trübner den Negerkopf vor den flockig und wellig gemalten purpurnen Hintergrund. In drei Abwandlungen geht das Braun des Gesichtes, der Zigarre und des Leders am Geldbeutel mitten durch das Bild und wird durch das Grau der Asche und das aufblitzende Gelb der Messingbügel belebt, die mit ihren wie unabsichtlich perspektivisch wirkenden Linien den Neger aus der Vorderschicht in wohltuenden Abstand rücken. Ganz vortrefflich gelingt es Trübner, die Mittellinie Gesicht, Hand, Geldbeutel durch den kalten, weißen Hemdvorstoß am rechten Arme nach links zu entlasten und so malerische Bewegung in die formale architektonische Festigkeit des Bildes zu bringen. Mit gleicher Meisterschaft hat Trübner im „Zeitung lesenden Mohr“ den Blick vom hellen Zeitungspapier der Mitte durch die verteilte Farbigkeit in den Handflächen, dem Stockgriff und dem Hutfutter einerseits und dem Beinkleid und dem Kopf andererseits über das Bild zu führen gewußt, um durch klug verteilten Kolorismus Bewegung und Leben in das äußerst an sich gehaltene Farbenspiel zu bringen. Hier kündet sich bereits das Werk der Gigantenschlachten an: die Bewegung durch verteilte Farbigkeit.

Die aus dem malerischen Ton heraus geschaffenen Mohrenbilder, die den feinsten malerischen Takt und Geschmack verraten, stehen in einem gewissen Gegensatz zu den anderen Werken der italienisch-römischen Zeit zum „Selbstporträt“ (mit Schlapphut) und „Beim römischen Wein“. In diesen zwei Stücken kommt Trübner zu einer Lichtdarstellung, die auf Rembrandteinflüsse schließen ließe, wenn nicht das Aufleuchtenlassen von Formen und Farben ein altes Kunstgut malerischer Kultur wäre, dessen Wahrung ebenso von Tizian und Tintoretto, wie von den Spaniern Velazquez, Ribera u. a. verausgabt wird. Hieran könnte man denken, wenn man den „Singenden Mönch“ oder das Bildnis der „Italienerin“ sich vor Augen hält. Sei dem, wie es wolle, Trübner hat in all diesen Werken unter dem für jeden Künstler ungeheuern Eindruck der römischen Welt und Kunst sich keinen Augenblick aus der künstlerischen Zucht verloren und ist mit der ihm eigenen Festigkeit unbeirrt auf das Ziel guter deutscher Malerei losgerückt. Nicht die leiseste Abbiegung zum italienischen Schönheits- oder Kompositionsideal, sondern malerische Wahrheit und Schönheit um jeden Preis. Diese malerische Schönheit und ihr Charakter wurden wesentlich in den römischen Galerien studiert. Der Velazquezsche Papst Innozenz (Galerie Doria) und die Werke Tizians („Himmlische und irdische Liebe“, Galerie Borghese) wurden als Marksteine der malerischen Qualitäten angesehen. Ebenso wirkten die Fresken Raffaels malerisch überzeugend, noch stärker aber seine Bildnisse, die in Florenz schon hervorgetreten waren. Diesem festen Willen, dieser Beharrlichkeit zur „guten Malerei“ setzt Trübner nach seiner Rückkunft in ungemeiner Fruchtbarkeit die Krone auf in den glänzenden Bildnissen, den Landschaften und den Stilleben dieser Zeit.

Wie für Leibl, war auch für Trübner die Zeit mit ihrer Anerkennung guter Malarbeit noch nicht gekommen. Aber die spätere Zeit hat gerade die Werke dieser Frühepoche als hochwertige Leistungen deutscher Malerei begehrt und erworben. Nichts würde die innere Geschlossenheit und Folgerichtigkeit der malerischen Entwicklung mehr beweisen, als die bei der Jugend des Künstlers ganz erstaunliche „Strenge der Zeichnung, in Verbindung mit der höchsten koloristischen Behandlung“, wie er sie an seinem Leibl-Vorbild in klassischer Form ausgeprägt gefunden hatte. Die „elterlichen Bildnisse“, wie die „Kusine Elise“ und andere kleine Bildnisse der Zeit, sind Zeugnisse, wie Trübner durch Zerlegung der Form in kleine farbige Flächen von feinster Abstufung der natürlichen Erscheinung nahezukommen weiß und so über den Weg der Kunst die Natürlichkeit in das Kunstwerk rettet.

Aber auch Kompositionen, wie das „Liebespaar mit Hund“ und „Prügelei“, sind bezeichnend für die Raumaufteilung und Raumbildung lediglich durch farbige Mittel. Nicht minder bedeutungsvoll ist das Bewegungselement, das hier stärker wie je hervortritt, indem die farbigen Flecken sinnreich und beziehungsvoll über die Bildfläche verteilt werden und das Auge über die Tafel leiten.

Nicht weniger straffe farbige Zucht und Festigkeit zeigen die Landschaften, von denen die „Wendeltreppe im Heidelberger Schloß“ durch die reich klingende Tonigkeit, das „Schloßfenster“ durch den ätherischen Schmelz seines vereinfachten Silbertones hervorragende Leistungen kultivierten Geschmackes sind.

Das Jahr 1872 schließt nach jeder Richtung bedeutungsvoll im Kunstwerk Trübners ab. Wenn hier noch auf die zwei „Landwehroffizierbilder“ mit ihrer sorgfältigen, köstlichen Behandlung des Stofflichen, namentlich des goldenen Metallbeschlags gegen das Lederschwarz des Helmes, auf das Halbfigurenbild des Studenten „Michaelis mit der Papierrolle“ und auf jenes der „Kusine Elise“ hingewiesen wird, so ist die zeichnerische und koloristische Höhe gekennzeichnet, die Trübner zu Beginn seiner zwanziger Jahre erreicht hat.

Die stoffliche Malerei feiert in den „Wildstilleben“ sowohl nach Tonabstufung wie nach Pinselarbeit einen Triumph. Wir können in diesen Werken die Anläufe zur großen raumbildnerischen Landschaftskunst gewahren, die in der „Landschaft mit dem schwarzen Vogel“ den Ton der harmonischen Durchbildung von Stoff, Farbe und Raum voll und rein erklingen läßt.

Der Sommer 1873 brachte starke äußere Anregungen durch die Reise nach den Niederlanden, wo ihn Freund Schuch bereits erwartete und mit ihm bis anfangs September zusammenblieb. Brüssel und seine Galerien, Rubens und sein hohes Können traten mit bestimmender Wucht in Trübners Anschauungskreis. Vor allem war es die damals in Brüssel ausgestellte, später vom preußischen Staat für Berlin angekaufte Galerie Suermondt aus Aachen mit der „Hille Bobbe“ des Fr. Hals und den Hofzwergen des Velazquez, die gründlich studiert wurde. Das Ergebnis ist nach zwei Seiten hin bedeutsam: einmal in den zahlreichen Bildnisstudien, in denen das Charakteristische der fremden Nationalität mit großer Schärfe erfaßt und mit feiner

durch die Art der Malerei und ihrer farbigen Aufmachung geadelt. Trübner liebt es jetzt, den Fleischton gegen den Stoff (Pelz, blaue Krawatte usw.) zu setzen.

München, Kupferstichkabinett

Die wilde Jagd
Rohrfederzeichnung, 1877

Als das Wertvollste aus dieser Zeit müssen dann die drei verschiedenen „Christus im Grabe" angesehen werden, die mehr als einen Schritt nach vorwärts bedeuten. Handelt es sich in der ersten Fassung nur um die Lösung der Verkürzung und um das Problem des Fleischtones gegen das weiße Tuch, so schneidet Trübner in der zweiten und dritten neuen Fassung auch die farbigen Probleme an: die Fußwunde, die Lorbeerzweige am Kopf und die Dornenkrone sind mit einer wahrhaft erschütternden Wucht in natürlichem Ton gegen das tote Fleisch gesetzt, so daß Trübner mit den scheinbar einfachsten realistischen Mitteln eine vollkommene seelische Wirkung hervorbringt. Am stärksten empfindet man die Leistung der hohen Malkultur, wenn man diese Christusleiber gegen den Ton hält, aus dem der Bacchus mit dem roten Überwurf entwickelt ist.

Waren die römischen Studienjahre ohne merklichen Einfluß von seiten der italienischen Kunst auf Trübner geblieben, so verrät sich hier, was die Aufenthaltsorte im Schaffen des Künstlers bedeuten. Denn wie die Niederlande Trübners Darstellung des Nackten aufs höchste gesteigert haben, so hat der sich anschließende Aufenthalt auf Herrenchiemsee sein landschaftliches Können voll entwickelt und ausgereift. Zwar der Ton bleibt noch in der niederländischen Art der Ruysdael und Rembrandt durchaus dunkelgrün, aber Raum- und Luftdarstellung sind von höchster Feinheit: jene hell und doch sattglühend aus dem dunkeln Laubwerk aufleuchtenden, weißlichen oder gelblichen Mauerflächen, jene warmbraunen Lindenstämme, die zartsilbernen „Birken mit dem Schimmel“ stehen in der damaligen Landschaftsmalerei ohne Vergleiche da. Vielleicht die glänzendste Lösung der atmosphärischen und räumlichen Aufgaben der Landschaft liegt in dem kleinen „Dampfbootsteg“, einem Bilde, das in seinem einfachen und doch so sprechenden und anmutenden Ausdruck der treffenden Lösung einer schwierigen Gleichung entspricht. Mag man in den Herrenchiemseelandschaften beim Laubwerk der Bäume, das mit großem Reichtum und mit aller Lockerheit vor der Luft entfaltet ist, das reich abgestufte Spiel von Farben und Linien bewundern, der „Dampfbootsteg“ übertrifft sie an Einfachheit und Stärke des Ausdrucks alle miteinander.

Das Einjährigenjahr (im 3. Badischen Dragonerregiment) 1874/75 brachte nur das Selbstbildnis in ganzer Figur. Die anderen Selbstbildnisse dieser Zeit und der Einjährige Max Höpfner, in denen Trübner sowohl in Form- und Raumbildung, wie auch nach der Farbengebung, neue Probleme aufgreift, folgten sofort nach seiner Übersiedlung nach München anfangs Oktober 1875, wo auch Schuch bald eintraf. In dem Selbstporträt als Ganzfigur tritt zu den großen Flächen der gleichmäßigen Uniform erstmals der belebende Wechsel gedämpfter Farben in dem geblümten Tischteppich und dem Hintergrund. In dem „Bruststück mit Helm und Kartusche“ wird die Natur und ihr Stoffliches, wie im Einjährigen Höpfner, zu einer blühenden Wahrheit und Farbigkeit gesteigert, wie wir sie bei den alten Meistern schätzen und bewundern.

Sowenig nun auch diese wahrhaft meisterlichen Leistungen der Realistik und des Kolorits damals anerkannt wurden, so hatten sie, gering an Zahl, doch die Schaffenskraft zur höchsten Fruchtbarkeit gesteigert. Der Winter 1875/76 wurde mit Schuch, der sich, wie schon in vorhergegangenen Jahren, bei Trübner wieder in Schülerschaft begeben hatte, in angestrengter Tätigkeit und höchster Fruchtbarkeit verbracht. Es entsteht jene erstaunlich stolze Folge von großartigen Bildnissen, mit denen der Name Trübner für alle Zeiten in die Geschichte der hohen Bildniskunst eingeschrieben ist. Martin Greif, Dr. Eisenmann, C. Schuch in ihren verschiedenen Auffassungen und ihrer köstlichen, charakterisierenden Malerei würden genügen, diesen Zeitabschnitt der Bildniskunst zu kennzeichnen.

Aber daneben stehen die vielfältigen Malereien der Frauenbildnisse, die bald das Spiel seiner Tonabstufungen und abgewogener Lichtführungen, bald die meisterhafte Be-

Es ist, und nicht mit Unrecht, Velazquez zum Vergleich herangezogen worden. Jedoch Trübner ist nicht bloß durch Jahrhunderte, sondern auch durch kulturelle Klüfte von jenem großen Wirklichkeitsmaler getrennt. Es ist bei Trübner eine neue, besondere Welt, gesellschaftlich, seelisch und malerisch. Er betritt in diesen freigewählten Urbildern für seine Bildnisse ein Gebiet, das ihm lange Zeit die Ablehnung seitens gewisser Kreise des Kunstschriftstellertums eingetragen hat. Wäre man auch geneigt gewesen, dieser glänzenden Malerei im Stofflichen und Künstlerischen Gerechtigkeit und Anerkennung widerfahren zu lassen, so glaubten diese doch, solche Nachsicht nicht den alltäglichen Modellen, namentlich der Frauen, zugestehen zu sollen. Diese zwar charakteristischen, aber durch keinerlei „Idealisierung" in Aussehen, Tracht und Gewandung zurechtgemachten Erscheinungen – das war nicht „schöne Kunst" im hergebrachten Sinne, sondern in dem der alten klassischen Meister F. Hals, D. Velazquez u. a. Von F. Adam, Corinth, Gedon, L. v. Hagn, Lenbach, Lossow u. a. verständnisvollen Künstlern wurden – eigentümlicherweise nicht die Bildnisse Trübners als den großen Meistern ebenbürtig anerkannt, sondern nur die figurenreichen Kompositionen als besonders hervorragende Leistungen gepriesen. Auch Thoma zeigte seine Vorliebe für die kompositionellen Bilder Trübners dadurch, daß er als Galeriedirektor sofort dessen „Gigantenschlacht" durch Ankauf für die Großherzogliche Kunsthalle zu sichern wußte, außerdem seinem feinsinnigen Freunde Malsch die „Kreuzigung" zur Anschaffung empfahl. In der Presse aber herrschte damals nur engbegrenzter Zeitgeschmack, der mit seinen unzulänglichen Urteilen auch Feuerbach und Leibl in völlig verständnisloser Weise ablehnte. Auch der kurzsichtige Laienstandpunkt, der damals noch völlig in der Historie, im Genre und ähnlichen Stoffen befangen war, fand sich in der von Trübner und seinem Kreise gepflegten Richtung der deutschen Malerei gar nicht zurecht und lehnte sie im Unverstand kurzerhand ab. Diese Begrenztheit der Anschauung und des Urteils hat der Entwicklung und Entfaltung der deutschen Malerei mehr geschadet, war ihr hinderlicher, als die spätere, ebenso einseitige Begünstigung des Impressionismus, der die malerische deutsche Kunst mit ihrem in der Form festbleibenden Charakter wieder auf ein Außengeleise zu schieben versuchte. Nun hat zweifellos damals das Artistenschlagwort „Le laid c'est le beau" die Trübnersche Schaffensweise nicht beherrscht. Aber Trübner wollte eben schon damals betont dartun, daß ein gut gemaltes Bildnis einer von Natur wenig begünstigten Dame oder einer alten Frau einem schlecht gemalten Bildnis eines schönen Urbildes unter allen Umständen vorzuziehen sei. Die malerische Behandlung, die Umsetzung der natürlichen, oft nicht ganz einwandfreien Erscheinung in die künstlerisch gestaltete Form adelt das Werk, gibt ihm seinen Kunst- und Ewigkeitswert, das hindert aber nicht, daß auch ein schönes Mädchen gut gemalt werden kann. Für diese Lehre war jedoch die Zeit noch nicht reif, sie wurde es erst viel später und ist es auch dann nur erst teilweise. Heute sind diese Bildnisse dank ihrer gepflegten und künstlerischen Malweise die von den Museen begehrtesten Leistungen Trübners.

Der künstlerische Durchbruch, den Trübner mit den Bildnissen damals nicht erreichte, gelang ihm auch nicht in der Landschaft, der er sich mit voller Kraft zugewandt hatte. Aber das Jahr 1876 ist doch in jedem Betracht als ein Wendepunkt im Schaffen Trübners anzusehen. In diesem entscheidungsvollen Ringen gab es für den künstlerischen Willen Trübners nur den einen Pol: einen Gegenstand, Bildnis oder Landschaft, aus seiner natürlichen Erscheinungsform durch den Zauber der Farbe und der Malweise zu einem Kunstwerk umzugestalten und durch die künstrischen Kraft zu adeln So entstehen „In Bernried", „Am Weßlinger See" usw, jene prachtvollen Landschaften, die in ihrer naturlichen Einfachheit und kunstlerischen Sachlichkeit den besten Leistungen der deutschen Landschaftskunst des 19 Jahrhunderts beizuzahlen sind Die gegenstandlichen, raumlichen und atmospharischen Ziele sind zeichnerisch und malerisch in hochster Vollendung erreicht Die reine Zustandlichkeit gilt Die Trubner stets reichlich gezollte Anerkennung und Bewunderung seitens der Fachgenossen geschah nur in personlicher Aussprache, blieb also unbekannt und ohne jede offentliche Wirkung

Dieser erste Abschnitt im Schaffen Trubners, der das hohe Konnen des Funfundzwanzigjahrigen aufs augenscheinlichste darzutun imstande gewesen ware, blieb zunachst ohne erfolgreiche Wirkung Seitens aufrichtiger Kollegen wurden seine hervorragenden Leistungen im hochsten Maße anerkannt Der Kunsthandel beschaftigte sich damals schon nur mit „marktfahigen" Dingen Auch die Ausstellungskommission des Glaspalastes gab der gegen Trubners Malweise gerichteten Ablehnung seitens des großten Teiles der Munchner Kunstlerschaft gewissermaßen amtlichen Ausdruck Es handelte sich dabei u a um das große Schuchbildnis, das jetzt in der Berliner Nationalgalerie das Urteil seiner damaligen Gegner richtigzustellen berufen ist. Man muß sich diese Dinge und Vorgange vor Augen halten, um zu verstehen, wie entmutigend fur den Vorwartsstrebenden die Ablehnung seines Schaffens war, wie er an seinem Wirken irre gemacht wurde, und wie er nach neuen Ausdrucksweisen zu suchen gezwungen war, wollte er nicht rat- und tatlos das gegen sein Werk gerichtete Urteil hinnehmen

Zu dieser kunstlerischen Vereinsamung und Verstimmung kam auch ein gesellschaftlicher Wechsel, so daß die kunstlerischen Anregungen sich mehr in rein geistige verwandelten Der kleine Malerkreis um Leibl fiel auseinander „Leibl und Sperl waren nach Schorndorf an den Ammersee verzogen, Hirth hatte sich in Diessen am Ammersee niedergelassen, Schider war nach Basel berufen worden, und Lang folgte Bocklin nach Florenz Haider zog sich nach Miesbach zuruck, Th Alt war in seiner Heimat Ansbach verblieben, und Sattler hatte sich in Loschwitz bei Dresden ein Heim gegrundet, und Thoma war nach Frankfurt ubergesiedelt Schuch begann in Venedig seine Stillebenperiode" So blieben fur den Freundeskreis nur noch Bayersdorfer, Eisenmann, Martin Greif und du Prel, wozu spater noch der bekannte Schlachtenmaler F Adam und der kostumkundige Professor E Fluggen kamen, deren Einfluß im Werk Trubners ebenfalls nachweisbar ist Gelegentlich ließ sich auch der bekannte Wiener Feuilletonist Ludwig Speidel sehen, der Leibl eine glanzende Abhandlung widmete Dieser mehr literarisch geistigen Umgebung mit poetischem und philosophischem Einschlag entsprach nunmehr mit einer scharfen Wendung im Schaffen auch das Werk Trubners

Mit ziemlicher Sicherheit kann man schließen, daß die literarisch-poetische Einstromung dem oben genannten Kreis zugeschrieben werden muß, wenn auch die Werke Feuerbachs in der Schackgalerie und in der Heidelberger Wohnung von Feuerbachs Mutter nicht ohne Einwirkung blieben War doch Trubner von seiner ersten kunstlerischen Entwicklung an dem großen Formkunstler Feuerbach freundschaftlich dankbar zugetan, und begegnete sich Feuerbachs an Rubens anlehnendes neues Kompositionsideal mit dem neuen malerischen Ideal, das Trubner auf seiner niederlandischen Reise auch erfahren und in seiner Kunst zum Ausdruck gebracht hatte

und koloristischen Aufgaben aus dem Anfang der siebziger Jahre auf Stoffe, die nach zwei Seiten hin eine Erweiterung des Schaffens bedeuten: nach der Seite der Komposition mittels Farben- und Lichtwerten, sowie nach der Seite der monumentalisierenden Kunst. Man pflegt über die Figuraldarstellungen Trübners aus dieser Zeit gewöhnlich vielfach etwas summarisch hinwegzugehen. Aber je mehr wir Abstand von jener Zeit gewinnen, um so deutlicher scheint das Streben nach einer Monumentalkunst um das Ende der siebziger Jahre und in den achtziger Jahren verwurzelt zu sein,

Kentaurenkämpfe
Kohlezeichnung, 1878

gerade der Monumentalkunst, die aus rein farbigen Bezirken stammt. Der Hinweis auf Feuerbach und seine Deckengemälde, die Trübner 1879 auf der Münchner Ausstellung erstmals zu Gesicht bekam, mag genügen.

Die Monumentalkompositionen Trübners zeigen dieselbe Erscheinung, wie die der großen Meister: Seine Bildnisse sind besser gemalt als seine figurenreichen Bilder. Dasselbe gilt aber von Raffael, Holbein, Velazquez, Rubens und Rembrandt, wie von Dürer. Kein Vernünftiger wird verlangen, daß diese nur hätten Bildnisse malen sollen; ebensowenig kann man das billigerweise von Trübner fordern. Bei den Rokokomeistern und den Späteren tritt die gegenteilige Erscheinung zutage. Ihre Kompositionen sind im allgemeinen besser als ihre Bildnisleistungen: weil sie überhaupt im höhern künstlerischen Können, also im Porträt, sich nicht auszeichneten. Trotz der Gewandtheit und Tüchtigkeit dieser Meister im Komponieren figurenreicher Bilder messen wir aber den Kompositionen der obengenannten mittelalterlichen Meister höhere Bedeutung zu, weil eben die Beherrschung figurenreicher Bilder auch von ihrer hervorragenden Bildnismalerei beeinflußt und gehoben war, was bei den Rokokomeistern und den Späteren

gestehen durfen

Merkwurdigerweise tritt mit der Anderung im gesellschaftlichen Verkehr und dem Übergang aus dem einfachen in die vielfaltigere Farbenanordnung ein auffalliger Wechsel im Stofflichen ein Es entstehen Bilder, die etwas sagen und erzahlen antike und christliche, literarische und geschichtliche Stoffe, Mythen und Anthropomorphismen, die der ersten Schaffensperiode Trubners durchaus fern liegen Neben witzige Zuspitzungen malerischer Probleme treten literarische Darstellungen und Personen Man merkt an Titeln und Werken, daß Trubner mit noch anderen Interessen beschaftigt ist, als nur mit malerischen und koloristischen Aufgaben Ein Jahrzehnt (von 1877 bis 1888) wird so zwischen Malerei, antiquarischen, literarischen und musikalischen Liebhabereien verbracht, aber immer bricht die malerische Urnatur Trubners sich wieder sieghaft Bahn Die antiquarischen Studien bereichern Trubners Kostumkenntnisse und machen sein Kompositionsvermogen beim Mehrfigurenbild geschmeidiger Seine farbigen Anschauungen und Vereinfachungen klaren sich auch durch die Sammlung alter Glasmalereien Diese befeuern auch die Wirkungen seiner Farbenskala Die literarischen Liebhabereien geben durch Sammlung einer kunstlerischen Fachbibliothek seinem maltechnischen, erzahlend-kompositionellen Vermogen Richtung und Halt Die musikalischen Genusse machen ihn mit der farbigen Vielstimmigkeit bekannt und geben ihm von der Tonkunst her gewisse Hinweise auf Melodie und Harmonie in den Farben In seiner Jugend war er ein eifriger Klavierspieler Wahrend seiner Munchener Schaffensperiode gehorte er der Hornistenkapelle der Kunstlergesellschaft „Allotria“ an Außerdem beteiligte er sich stets bei allen Kunstlerfesten und Festzugen zu Fuß und zu Pferd, sowohl in Munchen wie auch spater in Frankfurt und Karlsruhe Ebenso war er Mitbegrunder des „Psychologischen Vereins“ in Munchen, eines Glaskugelschießklubs und eines „Fechtvereins auf Hieb und Stoß“

Das Tasten, Suchen und Probieren hat aber sicher die malerische Wesenheit des Kunstlers bereichert und erweitert, bis dann im letzten Jahrzehnt des Jahrhunderts mit einer energischen Hinwendung zur Bildnis- und Landschaftsmalerei wieder der einfachere Weg des Farbenanschlags betreten wird, der in der breiten Pinselfuhrung, in der vereinfachten Farbenskala und im Freilicht seine Richtung auf die Kunstweise im 20 Jahrhundert nimmt

Entscheidende Werke dieser experimentierenden Ausweitung des malerischen Stiles sind einerseits die sogenannten Gigantenschlachten und die „Wilde Jagd“ (von 1877), die „Kreuzigung Christi“ und die ersten „Zentaurenbilder“ (vom Jahr 1878), Geschichtsbilder, Amazonenbilder und Stoffe aus Dante (vom Jahr 1879), theatralische Stoffe (1882), geschichtliche Stoffe aus der Heimat (1883 und 1886) und die Prometheusdarstellungen (vom Jahr 1889) Zwischenhinein schieben sich immer wieder Bildnisstudien, dann vorzugliche Hundebilder, die durch Beigaben von Wursten usw farbig reicher behandelt sind, bis gegen Schluß des Abschnittes Bildnis und Landschaften in Oberbayern und in der pfalzischen Heimat wieder die Fuhrung ubernehmen

In den vielfigurigen Kompositionen der Gigantenschlachten, dem Kreuzigungsbild und den Amazonenbildern ist es Trubner darum zu tun, das System der Lichtfuhrung zur Raumbildung zu verwenden Ganz deutlich wird diese Absicht durch die Gegenuberstellung mit der „Wilden Jagd“, wo ein Bewegungsvorgang heftigster Art aus der Folge von graublaugrunen Tonen entwickelt wird Die Raumwirkungen aber werden hier erreicht aus den Verkurzungen der fleischfarbenen Korper, deren Fleckenwerte aufs sorgfältigste erwogen und durch vorspringende Farben das Mantelrot des römischen Hauptmanns und die Gewänder der Amazonen — gesteigert werden

Rein malerische Haltung im tonigen Sinn eignet noch den Hundebildern dieser Periode, während die Zentaurenbilder schon eine erste Hinwendung zu den Freilichtdarstellungen der ersten Frankfurter Jahre vorahnen lassen

Wie stark und geschlossen bei diesem nach vielen Seiten ausgreifenden Schaffen doch Trübners künstlerische Einheit war, läßt sich unzweideutig aus seinen Bildnissen erkennen Statt vieler Beispiele sei nur auf die herrlichen Werke der „Elternbilder" und des Bildnisses der Kusine „Lina Trübner" (London) hingewiesen, die zu den glänzendsten Porträtschöpfungen aller Zeiten gehören Ihnen ließe sich aber noch eine ganze Reihe trefflicher Bildnisse anschließen Was die psychologische Erfühlung seiner Stoffe angeht, so haben diese oben genannten Bildnisse und die „Lady-Macbeth"-Bilder in Auffassung und Farbigkeit volles Gewicht

Als Abschluß dieser aufs Monumentale gerichteten Schaffensperiode, die mit der „Münchner Wachparade" schon die Heidelberger Stadthallebilder ahnen läßt, kann die Reihe der fünf Prometheusbilder angesehen werden

Die geringe Anerkennung, die Trübner mit diesen Werken in weiterem Kreise fand, scheint in dem Künstler den Schluß haben reifen lassen, daß eine nochmalige Durchprüfung seines malerischen Verfahrens geboten sei

Im Herbst des Jahres 1889 und im Frühjahr 1890 vollzieht sich eine Wendung auf dem heimatlichen Boden zu Heidelberg Mit den drei Werken des schicksalbeladenen Heidelberger Schlosses beginnt er Die Bildnisse aus dem Familienkreise, die Tante, die Brüder, Verwandte und Freunde folgen, und als Abschluß wird das merkwürdige, für den Maler aber charakteristische „Denkmal für Kaiser Wilhelm den Großen" entworfen Vom herkömmlichen plastischen Standpunkt aus wurde das Werk auch als Entwurf abgelehnt, obwohl heute schon über die damals errichteten Siegesdenkmäler sich kritische Urteile erheben Wenn man bedenkt, daß zehn Jahre nachher Klingers farbig gedachter und ausgeführter Beethoven geschaffen wurde, so gewinnt Trübners Werk ein besonderes Gesicht

Die Fürsten und Feldherren, die Kandelaber aus eroberten Kanonen usw, alles in lebhaften Licht- und Schattenwirkungen aufgestellt, geht sehr gut mit der allgemeinen Absicht Trübners in dieser Zeit zusammen durch Bewegung und durch Wechsel von Licht und Schatten zu wirken, der gleiche Vorgang, der Feuerbach aus der kühlen Ruhe seiner antikischen Stoffe in die barocken Kompositionen des Wiener Deckengemäldes geführt hat

Aber damit ist nun auch der letzte Rest Trübnerscher Kompositionslust befriedigt, und es beginnt mit dem Jahr 1890 der neue Abschnitt in Trübners Schaffen Es hängt nicht mehr von der Eigenart seiner malerischen Anlagen, wie die Werke seiner malerischen Anfangsjahre, nicht mehr von inneren Bildvorstellungen, wie seine farbenreichen Kompositionen ab, sondern ist im wesentlichen von seinen Aufenthaltsorten bedingt und bringt das landschaftliche Element in Trübners Veranlagung zur Geltung und Reife Der Genius loci seiner Aufenthaltsorte bestimmt Trübners Kunst von jetzt an Der Vorhang vor dem Atelierfenster wird gewissermaßen hochgezogen Die Epoche des Freilichtes beginnt und setzt mit den Landschaften ein Den Entwicklungsgang im Landschaftlichen kann man nun nach den für die Sommermonate gewählten Studienplätzen zusammenfassen: Chiemgau (Fraueninsel 1891, Seeon 1892), Tegernsee 1893, Bodensee 1894, Schwarzwald 1895, Cronberg i. T. 1896, Lützelau am Vierwaldstätter See 1897/98, Odenwald (Amorbach 1899, Lichtenberg, Erbach 1900/01, Marbach bei Erbach 1902, Hemsbach 1903/07), Niederpöcking am Starnberger See 1907/09 und 1911/12, Stift Neuburg 1913, Baden-Baden und Homburg v. d. H. 1915.

In jedem dieser genannten Jahre entstehen auch noch Bildnisse, unter denen 1905/06 die vier großen Reiterbildnisse (Großherzog Ernst Ludwig von Hessen, Großherzog Friedrich von Baden, König Wilhelm von Württemberg und Kaiser Wilhelm II.) nebst einer großen Anzahl anderer Reiterbildnisse von einschneidender Bedeutung sind.

Neben dem örtlich bedingten landschaftlichen Kunstschaffen geht eine allmählich sich vollziehende Wandlung im Technischen vor sich. Namentlich die Umsiedlung aus der Münchener Ateliermalerei in die Freilichtmalerei, die im Städelschen Studiengarten anhebt, bewirkt eine neue Licht- und Farbenauffassung. „Es ist mit einem Mal, wie wenn einem müde gelaufenen Renner frisches Futter und frische Streu vorgeschüttet wird." Immerhin mag es sein, daß auch Uhdes Freilichtmalerei in München und Liebermanns Freiluftwerke in Berlin Anstoß für Trübner waren, seine Lichtmalerei nachzuprüfen. Aber zweifellos ist es von der größten Bedeutung, daß Trübner sich nicht unter den unmittelbaren Einfluß dieser Meister stellt. Er geht nicht, wie jene, nach Frankreich, sondern nach Frankfurt, in die alte deutsche Kaiserstadt, in die Nähe Thomas und Steinhausens, seiner alten Freunde, deren Kunstweise sehr selbständig und eigenartig ausgereift war, und die auch seine selbstwüchsige und eigenartige Entwicklung erwarten ließen, geht nach Cronberg, wo die malerischen Traditionen der Schreyer und Burger noch lebendig und wirksam waren. Frankfurt a. M. war Neuland, war Ruhe, gab Selbstbesinnung und Sammlung — und eröffnet die Periode der Freilichtmalerei mit ihrem Gefolge von neuen Forderungen hinsichtlich der künstlerischen Darstellungsweise.

Trübner strebt ersichtlich sofort eine starke Vereinfachung der Palette an, des malerischen Vortrags und des Motivischen. Die damals noch vorhandene Abgeschiedenheit des Studiengartens neben dem Atelierhaus, die es ermöglichte, das Modell ins Freilicht, unter Büsche und Bäume zu stellen, läßt Trübner die Farben stärker, als bisher, zerlegen. Das Freilicht beeinflußt das farbige Sehen und Gestalten ohnehin, persönlich und sachlich. Die farbigen Reflexe, das durch die Laubmassen geleitete auffallende Licht mit seinen Farbtönen, die durchsichtigen farbigen Schatten, die durch die Fleckenlichter bedingten Formzersprengungen und -auflösungen fordern eine völlige Neuordnung der Palette. Eine Vereinfachung und Aufhellung des farbigen Vortrags wird notwendig. Seine seither in kurzen, viereckigen Flächen geführten Pinselansätze werden freier, breiter, länger. Die großen Bildflächen werden streifig zerlegt und erhalten dadurch einen konstruktiv-linearen Zug. Das durch Luft- und Laubmassen gefilterte Sonnenlicht wirft farbige Reflexe über das Modell und löst die früher tonig gehaltenen Flächen in ein farbiges Mosaik auf. Die tonigen Gobelingründe der Frühzeit werden durch die in allen Abstufungen von Grün sich darbietenden Laubmassen ersetzt. Sie werden im Hintergrundgefüge lockerer, gewinnen dadurch körperlich-räumliche Werte und verlangen dementsprechend eine körperlichere Herausgestaltung der Figur. So entstehen jene bekannten Freilichtakte (Salome, Adam und Eva, Meditation, Susanna im Bade, Im Liebesgarten u. a. m.). Im „Urteil des Paris" wird dann das dort Errungene zu einer Komposition von größerem Aufbau und mit räumlich und landschaftlich ausgeweitetem Hintergrund zusammengefaßt.

Zugleich erwacht aber die alte Reiterlust wieder in dem ehemaligen Dragoner. Das Pferd tritt in reicher Abwandlung als malerischer Gegenstand in das Stoffgebiet des Künstlers ein. Die Reiterbildnisse, die Kürassierpatrouillen und Postillionbilder bereiten das Feld, auf dem 1905 die vier epochalen Fürsten-Reiterbildnisse entstehen. Kurz vorher werden die beiden Monumentalaufträge für die Stadthalle seiner Vater- und Heimatstadt in den Raum gebracht.

Der Begriff der Monumentalität scheint in Trübners Malerei veränderlich, obschon er in der Begriffsbestimmung eindeutig ist. „Beim Reinmonumentalen ist das Detail auch individuell, ebenso wie das Ganze," sagt Trübner („Personalien und Prinzipien", S. 114). Er hat mehrere Anläufe in das Gebiet des Monumentalen unternommen,

Entwurf zur Amazonenschlacht
Bleistiftzeichnung, 1880

nachdem er durch die rein farbige Periode seiner Frühzeit (bis 1876) hindurch gegangen war.

Ein Weg, zum Monumentalismus in der Malerei vorzudringen, waren die Giganten- und die Amazonenbilder, die Darstellungen aus der Antike, aus Dante und aus der Geschichte (Ende der siebziger Jahre). Eigentlich war aber Trübner zu einem erweiterten Farbenvortrag auf Grund der Begebenheitsdarstellungen gekommen. Die Vereinfachung der Palette (des Farbenakkordes) und die breitere, fast zeichnerische Pinselführung wurden erst in der Frankfurter Zeit, d. h. im Übergang zum Freilicht, erreicht. Die Vorstudien der Reiterbildnisse, die Freilichtbildnisse und die Odenwaldlandschaften sind die letzten Stufen, die Wandgemälde der Stadthalle zu Heidelberg die Vorklänge, die die eigentliche Monumentalperiode des Künstlers einleiten, und zwar auf einem Gebiet, auf dem Trübner seine eigene Art von Monumentalmalerei als Farbigkeit im Bildnis schon entwickelt hatte: in den vier Reiterbildnissen der Fürsten des rheinländischen Verbandes der Kunstfreunde.

Hier gehen strenge Zeichnung und blühendes Kolorit, breite Vortragsweise und Einfachheit der Tonwerte bei allem Reichtum der Tonabstufungen und der Linienführung jenen vollendeten Zusammenklang ein, der diese vier Fürstenbildnisse zu einschnittmachenden Leistungen für den koloristischen Monumentalismus erhebt.

In den bürgerlichen Bildnissen (Hoffmeister, Schuch, Eltern, Lina Trübner) hat Trübner dem Seelischen nur innerhalb der farbigen und technischen Grenzen einen gewissen Raum gegönnt. In den Fürstenbildnissen tritt das Innenleben, das von innen heraus Aufbauende mit Entschiedenheit in die Erscheinung. Wie das Vorwärtsdrängende, das Triebhafte im Ernst-Ludwig-Bildnis bei Reiter und Pferd zum Ausdruck kommt, das geht schon über den schönen Schein der Farbwerte weit hinaus. Ebenso, um den Gegensatz recht hervortreten zu lassen, ist das Gehaltene, Beschauliche und Überschauliche in der Ruhe und der Gelassenheit des Bildnisses Großherzog Friedrichs von Baden von unvergeßlicher Eindringlichkeit. Es würde zu weit führen, wollten wir auf alle die Vorzüge eingehen, die Trübners Fürstenbilder gegenüber anderen Reiterbildnissen auszeichnen, etwa die großartige Raum- und Luftwirkung beim Bildnis des Königs von Württemberg oder das Repräsentativ-Machtvolle beim Bildnis Kaiser Wilhelms II. In diesen Werken weicht Trübner von den bekannten Reiterbildnissen des Velazquez ab, indem er statt der reliefartigen, raumabschließenden Seitenstellung die körperliche, raumfordernde Tiefenstellung bevorzugt. Zu demselben Ergebnis der malerischen Verkürzung gelangt er auch schon früher bei seinem „Christus im Grabe" gegenüber dem Holbeinschen Christus in Basel. Aber auch hier, wie früher, wird der Raumeindruck nur mit farbigen, nicht mit linearen Mitteln aufgebaut. Auch hier bleibt Trübner seiner farbigen Ausdruckskunst treu.

Damit beginnt auch die monumentale Periode in der Trübnerschen Landschaftskunst. Sie setzt mit den Hemsbacher Landschaften ein und erreicht in den Starnberger Werken der Jahre 1911 und 1912 und in dem Stift-Neuburg-Zyklus ihre Vollendung. Wie sind hier die Charaktere der verschiedenen Landschaften und Örtlichkeiten erfaßt und mit der größten Vereinfachung in den Ausdrucksmitteln dargestellt! In den Hemsbacher und den Odenwaldbildern rauscht der Klang der Farben nur in smaragdenem Grün, dem nur ein wenig Gelblichbraun und Blau entgegengesetzt ist. Wie lauschig sind diese Parkhaine, wie feierlich und warm steht das Schloßgebäude in dem frischen Grün!

Klar und hell sind die Lüfte über dem perlmutterfarbenen Spiegel des Starnberger Sees, der Himmel blaut darüber, und silbern glänzt der Äther über dem Parkrasen, den leuchtenden Blumenbosketts, dem Wasserspiegel. Fern verschwimmen die Berge der jenseitigen Ufer im Duft, und die Sonne glänzt strahlend auf dem Smaragdrasen, dem gelben Sand und dem türkisblauen Wasser — eine glückliche Natur, mit schöpferischem Naturgefühl vollendet dargestellt und auf eine einfache (farbige, gegenständliche und technische) Formel gebracht.

In den „Stift-Neuburg"-Werken des Jahres 1913, denen sich Baden-Badener und Homburger Tafeln (1915) anschließen, geht Trübner zur letzten Phase seiner Landschaftskunst über. Farbiger Reichtum, einfachste Linienführung, stärkste Raumwirkungen sind durch das Geflecht grüner Töne vor dem blauen oder gelblichen Untergrund erzielt. Man darf sie im guten Sinne Malereien nennen, die in romantische Vorweggenommenheiten von Örtlichkeiten einen neuen künstlerischen Charakter gebracht haben: die von allen Unterschiebungen freie, reine Natur.

Damit schließt sich der Kreis, den Trübners Abstammung und Charakter gewissermaßen vorgedeutet haben. Trübner entsproßt gut pfälzischem Boden. Sein Vater ist Heidelberger, seine Mutter Rheinpfälzerin. Feuerbach, Leibl, Schuch, diese Bahnbrecher in der deutschen Malerei, entstammen der Pfalz. Als Vierter gesellt sich

Trübner dazu, ein wundersames Spiel von vier königlich malerischen Individualisten, die im Gegensatz zu den künstlerischen Zeitströmungen sich zur Geltung bringen und richtunggebend werden.

Trübner hat einen merkwürdigen Zirkel abgelaufen. Er beginnt als Kolorist im Sinne der koloristischen und luministischen Kunstweise eines Rembrandt, geht durch Leiblsche Anregungen über Rubenssche Art allmählich zur reinen Sachlichkeit und zum Idealismus eines Velazquez über, wodurch er mit der unmittelbarsten Maltechnik den Adel der Farbe und die Wahrheit der Form verbindet und so auch die Welt der formalen Unschönheit durch die Sonne seiner künstlerischen Vollendung verklärt. Trübner hat in seiner künstlerischen Entwicklung alle fade Romantik ausgeschlossen, die ihm aus seiner Heimat und aus örtlicher Überlieferung etwa anhaftete, und die ebenso im Helldunkel, im Inhaltlichen, im Sehnsuchtbeschwingten, im Wunderlichen und das Wundersame Liebenden, im Unendlichkeitsgefühl, wie in schwächlicher Gefühlsheuchelei und im Dusel lebt. Seine Lebensarbeit galt mit einer bewundernswerten Kraft des Willens, Eindeutigkeit des Zieles und Herausgestaltung der Ausdrucksmittel einem von unkünstlerischen Nebenbeziehungen und Zugeständnissen freien und gereinigten Kunstschaffen. Wie viel Zucht, Klarheit und Stärke gehörte dazu in einer Zeit, in der kunstungemäße Voreingenommenheiten aller Art ebenso von früher her, wie auch kunstwidrige Unterströmungen aus der Zeit selbst zu überwinden und zu vermeiden waren! Die Größe und Einzigartigkeit der Leistung kann in ihrer vollen Bedeutung erst gewürdigt werden, wenn man die von Romantik durchtränkten Untergründe erwägt, aus denen Trübner hervorging, in denen er lebte, die er selbst schuf: die romantische Heimatwelt, die heute noch von der künstlerisch-geistigen Atmosphäre umwittert ist, aus der einst die literarische Romantik der Brentano, Arnim und Goerres, wie auch die künstlerische der Rottmann und Fries geboren wurde, die eigenen, herrlichen, hochwertigen Sammlungen an Zeugnissen deutscher Romantik (Rüstungen, Glasmalereien, gotische und Renaissance-Gerätschaften, literarische und poetische Werke in nur seltenen und ersten Ausgaben), dann seine Gemälde selbst, die Bildnisse in Rüstungen, die aus allen Schaffenszeiten vorhandenen köstlichen Gemälde von alten Klöstern, Abteien und Schlössern, die aufs wundervollste zusammengefaßt und mit unvergleichlicher Macht in das reine Gold Trübnerscher Kunst geprägt sind im Stift-Neuburg-Zyklus. Alles das beweist die Ursprünglichkeit und Unmittelbarkeit des Trübnerschen Genies, das, den Kunstmitteln und Kunstgesetzen gemäß, „die Welt der Erscheinungen“ in den Zauber der farbigen Darstellung rettet. Mit vollendetstem Können verbindet sich der unmittelbare Bekennermut, um das Reich der Kunst zu erhalten, zu begründen, zu mehren. Immer stärker und reiner tritt dieses Schaffensziel in Trübners Werk hervor. Seine letzten Werke über die farbige Umwelt sind wahrhafte, objektive Zeugenaussagen, die nichts verschweigen, auch nichts hinzufügen. Das verklärende Spiel zitternden und flutenden Lichtes, das mit seiner ätherischen Kraft das Dunkle ins Helle, das Gewöhnliche ins Ungewöhnliche hebt, ist in die kühlklare, kristallen durchsichtige Spielart starker Farbenklänge umgesetzt. Trübner ist durch seine besondere Anlage künstlerisch zur klaren und letzten Erkenntnis der farbigen Natur vorgedrungen. Diese gibt er uns, ohne Heimlichkeiten, als Wahrheiten und damit als ein offenbartes Geheimnis des Schaubaren. Die Formel seiner Kunst lautet jetzt nicht mehr: Licht und Farbe, sondern im wissenschaftlichen und dichterischen Sinne: Licht ist Farbe.

Wo immer er seinen Stoff anpackt, da reißt er ihn aus der Natur heraus und hebt ihn in den Lichtkreis der klaren und farbig verklärenden Kunst. Trübner ist der unvergleichliche Meister der Lokalfarbe im weitesten Sinn ihrer Zerlegung. Diese mit größter Treue und fehllos richtig in unmittelbarem Hinsetzen (prima) von der Palette auf die Leinwand zu bringen, ohne nachträgliche Veränderungen und Überarbeitungen und doch mit dem zusammengestimmten Eindruck zu geben, wie die Natur sie unter der Einwirkung und Beziehung von Luft, Licht und Raum bietet, das ist Trübners große und unvergleichliche Meisterschaft, die sich adlergleich über alle Bedingtheiten der Form und der Farbstoffe erhebt. Sie ist aus natürlicher und ungebrochener Anlage und durch sorgsam gepflegte Ausbildung zu ihrer beherrschenden Höhe entwickelt, Körper und Geist bei ihm geworden. In dieser Freude an der Zerlegung der Lokalfarbigkeit, die auch zu Leibls großer Meisterschaft gehörte, kommt Trübner über Leibl hinaus. Während Leibl im wesentlichen die Lokalfarben nur in der Abstufung von Tönen liebt und darstellt, wo sie in der Fläche oder in geringen Raumunterschieden nebeneinanderstehen — weshalb Leibl mehr tonig, reliefartig, raumlos schafft und das Landschaftliche einen geringen Umfang in seinem Schaffen hat —, so zielt Trübner von vornherein im Farbigen entschieden auf die durch Einflüsse des Lichtes und des Raumes bewirkten Veränderungen und Abstufungen der farbigen Erscheinungen ab. Im „Kellerfenster“ und „Saal“ des Otto-Heinrichs-Baues (1871) steht Trübner noch auf Leiblschem Boden. In der „Wendeltreppe“, im „Stuckgarten“ und „Waldrand“ (1873) entfernt er sich rasch und entschieden von ihm, um nach der niederländischen Reise (1874) in den „Herrenchiemseebildern“, namentlich mit dem „Dampfbootsteg“ die Loslösung vollständig und die Bekennung zu sich selbst klar und unzweideutig darzutun.

Diese Einstellung auf das Farbwesen schließt indessen bei dem starken und sichern Formwillen Trübners seine Begabung für das Zeichnerische unbedingt ein, allerdings mit besonderer Rücksicht auf die Helldunkelwirkungen. Die Verteilung der hellen und dunkeln Flecken beim „Einjährigen“, bei der „Gigantenschlacht“, dem „Zentaurenkampf“ beleuchten diese Aussage vollauf klar. In den Doggenzeichnungen und in der Landschaft „Seefeld“ stehen die raumbildnerischen Werte so stark im Vordergrund und in der Federzeichnung der „Wilden Jagd“ die Klarheit der Linienführung und der Form, daß auch Trübners zeichnerisches Vermögen genugsam bezeugt ist. Man kann von hier aus auch erkennen, woher sich die Graphik seiner Schüler ableiten läßt.

Mag man nun die stolze Reihe der Bildnisse aus den frühen Zeiten mit ihrem harmonisch abgestimmten Farbenklange, wie auch aus den letzten Jahren mit ihren fast stenogrammatisch vereinfachten, bestimmt nebeneinander gesetzten Tönen ins Auge fassen, oder mag man die betonten, entscheidenden Wendungen und Herausarbeitungen im Landschaftlichen aus dem wohligen Spiel der tonigen Qualität in die großräumigen und lufterfüllten, in Farben und Licht strahlenden Gebilde der letzten Jahre miteinander vergleichen, immer wird die starke, in sich geschlossene, weil in sich gegründete Eigenart seiner Persönlichkeit mit gebietender Größe und Bedeutung vor uns stehen. Auch hier hatte ein Ganzer und Echter etwas zu sagen vom farbigen Abglanz, in dem wir das Leben haben. Das ist auch eine Poesie, die der Wahrheit und Klarheit im bewußt Künstlerischen, wie sie zu allen Zeiten in der Kunst Geltung hatte. Zu allem dem wird in Trübners Kunst die ungeheure sachliche Ruhe und Folgerichtigkeit ihrer Entwicklung und Gestaltung auffallen. Nirgends ein Hasten und Jagen nach neuen Ausdrucksmitteln und -formen, nirgends eine Zugehörigkeit oder Gefolgschaft zu einer der „zeitgemäßen“ Parteirichtungen, weder der sezessionistischen, noch der impressionistischen, sondern ein natürliches, organisches, selbständiges Wachstum aus der besten Tradition heraus zu ihrer eingeborenen Höhe und Eigenart, ein

Seefeld am Pilsensee
Zeichnung, 1885

stolzer deutscher Individualismus. Nie hat Trübner die neue französische Kunst bewundert, nie von ihr etwas entnommen. Gelernt und studiert hat er nur an den alten Meistern, unter denen die Franzosen bekanntlich keine Rolle spielen, an ihrer Festigkeit in der Form, an ihrer leuchtenden Farbigkeit und an ihrer klaren Raumbildung.

Es ist wohl angezeigt, an dieser Stelle mit einigen Worten auch auf die Entwicklung des Malerischen und Farbigen in Trübners Werk hinzuweisen.

Trübner ist, wie aus dem Frühwerk und aus der mit fester Entschiedenheit gewählten Lehrerschaft ersichtlich ist, von der Bildnismalerei ausgegangen. Auch dieses koloristisch eigentlich engbegrenzte Gebiet ist (1869) von ihm durch Art und Wahl der Gewandung, dann auch durch überlegte Auswahl der Urbilder alsbald im koloristischen Sinne erweitert worden. Sein Streben ging gleich darauf aus, das farbige Wesen seiner Bildnisse sprechen zu lassen, sei es, daß er die warmen Fleischtöne in ihren durch Lichtführung erzielten mannigfachen Abstufungen dem kalten Weiß von Hemdkragen und -vorsätzen oder von Papier entgegensetzte, sei es, daß er die Bekleidungsstoffe in vielfältiger Abwandlung vom silberweichen Grau eines Eisenhelmes oder dem harten Metallglanz von Geld bis ins Samtschwarz eines Gewandes, von einem gedämpften Braun, Rot oder Blau gehoben, gegen den neutralen Hintergrund setzte, oder auch, daß er (wie im Austernstilleben) eine farbige Querlinie aus Glasgrün, metallischem Schuppenglanz, Zitrongelb gegen das leuchtende Rot eines Hummers zog: immer wird die Bildfläche von farbigem Leben durchpulst sein.

Dieses Ziel der farbigen Belebung, das anfänglich unterbewußt den Bildcharakter beherrscht, nimmt alsbald (1871) in der Figurenmalerei eine Wendung zur Vereinfachung, während die gleichzeitig beginnende Landschaftsmalerei auf tonige Zusammenstimmung verschiedener kalter und warmer Töne ausgeht. Das „Dragonerbildnis“ des

Bruders oder „Die Nonne“ und die kleinen Landschaftsstücke aus dem Heidelberger Schloß können dafür Zeugnis geben.

Eine entscheidende Wendung tritt im Jahr 1872 ein, nach der ersten Berührung mit Leibl. Abgesehen von den farbig stärker betonten Bildnissen und Studienköpfen dieser Zeit, kommt das auf das Farbige gestellte Genie Trübners in den frühen Werken 1872 mit überwältigender Stärke zum Durchbruch. Der höchste Trumpf wird mit „Mädchen auf dem Kanapee“ gespielt. Es ist dies eine Zusammenfassung aller vorherigen Leistungen im Bildnis, in der Ton- und Stillebenmalerei, mit klugster und überlegtester Strenge der Betonungen (Akzente) und mit fröhlicher Meisterschaft die Ausgleichungen und Ausklänge der Haupttöne herbeizuführen.

In diesem Werke ist Trübner zweierlei sich bewußt geworden: einmal, was alles mit der farbigen Bildform geleistet werden könne und müsse, und dann, welche Aufgaben die malerische Kunst der Zukunft zu lösen habe.

Die bestimmte Hinwendung der Malerei auf den Wohllaut der Farben, auf die Farbenmusik, führt zu einer ganzen Anzahl von farblichen Fragestellungen und damit zu neuen Farbenklangwirkungen. Sie werden erörtert in den Mohrenbildern und gewissermaßen beantwortet im Hoffmeisterbildnis. Hier ist die Harmonie des vielstimmigen Farbenakkordes erreicht.

Dann tritt, unter dem Himmel und Licht Italiens, ein neues Element auf: das Licht, zunächst in Rembrandtartiger Anwendung, als Helldunkel, um wieder, unter dem Himmel seiner Heimatstadt, eine entschiedene Wendung Trübnerscher Art zu nehmen: die Zurückdämpfung der glühenden Lokalfarben auf vornehmes Flimmern silberner Töne. „Im Heidelberger Schloß“ ist der aus Freilichtwirkungen gestaltete Innenraum, im „Dampfbootsteg“ der aus niederländisch-dunkelgrünen Landschaftereindrücken gewonnene Niederschlag ins Silbergrüne erzielt. In beiden Fällen haben wir eine sehr merkwürdige Aufhellung der Farben, die in den „Birken mit Schimmel“ zu eindringlichster Deutlichkeit gefaßt wird. Hier tritt erstmals eine Vereinfachung im farbigen Ausdruck auf, ein Arbeiten mit den gerade noch nötigen Farbwerten, um Raum, Luft und Licht ausdrücken zu können.

Es ist beachtenswert, daß diese Wendung an Landschaften erprobt wird und daß das freie Licht und die freie Luft die Palette vereinfachen helfen. Diese vereinfachende Art ist auch verhältnismäßig rasch allgemein verstanden worden, denn die Landschaften dieser Zeit erfreuten sich unmittelbar der Kennerschaft und der Erwerber, während die Figurenbilder einschließlich der Bildnisse allgemeinere Anerkennung noch nicht fanden.

Geradezu am Gegenpol zu diesen farbig vereinfachenden Bestrebungen stehen die Bildnisse und Figuralwerke dieser Zeit. Trübners lebhaftes Bedürfnis, die Sinne durch Farbenschönheit und -reichtum zu erquicken, in gewissem Sinne also die Materialschönheit sprechen zu lassen, führt zu den farbig durchgebildeten Bildnissen und Hintergründen. Die Gobelin- und Tapetenhintergründe der Bildnisse, die farbigen Draperien und Unterlagen der Gemälde aus jener Zeit (Adam und Eva, das Einjährigenselbstbildnis in Ganzfigur, die vier Tierstilleben — die Einführung der wundervollen Schwarzmalerei — Karl Schuch, die drei „Christusbilder“ usw.) mögen als Beispiele gelten.

Auf dem Landschaftsgebiet kommt bald (1876) ein weiterhin bedeutsames Element hinzu, das ebensosehr der farbigen Bereicherung und Belebung dient, wie es auf die künftige Kunst Trübners, die Hellfarbigkeit, vorbereitet: das Freilicht. Im „Waldinnern“ und „Waldweg“ (1876) blitzt bereits das Funkeln der Sonne durch das grüne Laubwerk und malt die hellen Flecken auf den moosiggrünen Boden, wie wir sie dann in und nach der Frankfurter Zeit in reichster Anwendung finden. Auch in der „Kunstpause" aus derselben Zeit flutet das Freilicht ungehemmt und ungebrochen in den Innenraum. Es sind die ersten Schritte zur Befreiung von der Atelierkunst.

Was für Folgen diese farbigen Aufwertungen durch die Einführung des Freilichtes für die Kunst Trübners hatten, ist aus den Werken der siebziger und achtziger Jahre zu ersehen. Das jubelnde und glühende Farbwesen der Lapithen-, Giganten- und Amazonenbilder, der wilden Jagd, der Werke des Tillykreises und der Schlachtenbilder zeigen die ungemein reiche Besetzung des farbigen Orchesters bei den monumental gedachten Werken. Die Nachprüfung der bis jetzt noch vielfach zurückhaltend beurteilten Werke dieser Zeit wird sofort zugunsten dieser Schaffensperiode sich wenden, wenn die Zusammenhänge der farbigen Ausdrucksweisen in ihren Grundlagen und ihrem Wesen erkannt sind. Die Vielstimmigkeit und Harmonie wird als ebenso berechtigt und glücklich anerkannt werden müssen, wie die Tonigkeit und Ausgeglichenheit des ersten Schaffensabschnittes. Diese Vielstimmigkeit des Farbenklanges ist ja auch im Landschaftlichen durchgeführt und anerkannt. Als Musterbeispiel mag auf die Landschaft mit der Fahnenstange — mit ihrem Akkord in Grün, Rot, Weiß, Blau und Grau — hingewiesen werden.

Die förderliche Bedeutung des Freilichtes im Schaffen Trübners geht aus den Werken nach der Umsiedlung nach Frankfurt mit schlaghafter Deutlichkeit hervor. Die letzten Reste der Ateliermalerei verschwanden in der von jetzt an systematisch aufgenommenen und durchgeführten Freiluftmalerei. Eigentlich sind jetzt nicht mehr die Farben an sich farbig, sondern Luft und Licht sind farbig. Die Umwälzung im farbigen Charakter der Werte besteht jetzt in den farbigen Reflexen und farbigen Schatten, die als Prüfsteine der modernen Malerei angesehen werden können. Das Licht, das durch das grüne Filter einer sonnenbeschienenen Baumkrone strahlt, ist natürlich ganz anders als Atelierlicht oder unmittelbar auffallendes Sonnenlicht. Es wirkt durch die Art seiner Farbigkeit so wesentlich verändernd auf die Eigenfarben der Gegenstände, daß diese oft gänzlich umgewandelt, jedenfalls aber wesentlich umgewertet werden. Hier liegt die neue Aufgabe für Trübner. Es ist jetzt nicht mehr nur die Eigenfarbe der Dinge mit fehlloser Sicherheit zu treffen, sondern den Eigenfarben unter Berücksichtigung des Auffallens und Rückstrahlens von farbigem Licht ihre Werte zu geben und diese im Bildganzen ins richtige Verhältnis zu setzen. Da die Malerei mit ihren Farben nur einen Teil der Helligkeitswerte der Natur wiedergeben kann, so ist das richtige Verhältnis der Farbwerte im Bild von größter Bedeutung, wenn die Naturtreue oder auch nur Naturähnlichkeit erreicht werden soll. Verfolgt man Trübners farbigen Entwicklungsgang, so ergibt sich, daß er immer mehr Farbzwischenwerte ausschaltet und die Hauptwerte herausarbeitet. Das hat hinsichtlich der Farbwerte eine große Vereinfachung im Farbigen — bei Trübner nach Grün, Blau, Braun oder Gelblich hin — zur Folge und bedeutet maltechnisch eine Verbreiterung (oder Verlängerung) des Pinselstrichs. Daher wird des Künstlers Vortrag von 1896 an immer breiter, seine Farbenskala immer enger. Ohne Übergänge und ungemischt sitzen die Farbenbänder nebeneinander. Die Wirkung ist dann auch die der vollen Naturtreue und der Helligkeit. Die riesige zeichnerische Sicherheit gestattet es Trübner, nun mit seinem farbigen Pinselstrich auch die Form glänzend zu modellieren. So steht — mit den Reiterbildnissen von 1901 an und dann in den Hemsbacher, Starnberger und Stift-Neuburg-Landschaften — der in Form und Farbe sichere und reiche Trübner als einer der größten Könner von gewaltigem Ausdruck vor uns. Höchste Sinnlichkeit liegt in diesen Werken, höchste Eindringlichkeit geht von ihnen aus. Wie festliche Akkorde klingen diese Farbenkompositionen, hell und klar in Klang und Wogung. Eine rauschende Musik geht von ihnen aus, die hinwegträgt über das Kleine und die Enge der Welt. Diese Freiheit wirkt durch den machtvollen Zauber der Farbe, wie durch das Fest der sicheren Form.

Wollte man fragen, wer und was außer seinem angeborenen Vermögen die Eigenart Trübners zu dieser Höhe entwickelt hat, so würde man „die Welt der Erscheinungen um ihn her“ keinen Augenblick vergessen dürfen. Seine Kunst ist das Ergebnis seines Genius ebensogut, wie das seines gepflegten und geübten künstlerischen Geschmackes. Trübner hat, namentlich in den Jahren, in denen er mit seinen künstlerischen Erzeugnissen zurückhielt, sich mit wertvollsten geistigen und künstlerischen Schätzen umgeben. Sein Atelier ist geschmückt mit altpersischen Teppichen und wertvollen Gobelins, mit vielen alten Glasgemälden und gotischen Möbeln, an deren farbigen Wundern und Gesetzlichkeiten sein Auge unermüdlich sich erfreut. Sein Heim ist angefüllt mit kostbaren Antiquitäten, darunter eine Anzahl echter Rüstungen, und mit Gemälden (L. Cranach, F. Hals, Rubens, Tintoretto, Canon, Feuerbach, Leibl, Schuch, Thoma) und anderen Köstlichkeiten. In seiner Bücherei stehen die wertvollsten Illustrationswerke, von Burgmairs Weißkunig an — die erste Auflage, von der bekanntlich nur vier Drucke auf uns gekommen sind — bis zu Menzels Geschichte Friedrichs des Großen hin, nebst mehreren Bänden aus den Buchschätzen Ottheinrichs und über 50 Büchern mit handschriftlichen Bemerkungen aus Schopenhauers Handbibliothek.

Aus Leben, Wissenschaft und Kunst, indem er sie in sich verarbeitete, hat Trübner Nutzen für sich gezogen und für sein Schaffen fruchtbar gemacht. Deshalb konnte er mit vollster Klarheit von den Quellen zu den Zielen fortschreiten. Seinen Werken steht auch seine Lehre im Können vollwertig zur Seite.

*

Es ist nicht ohne Bedeutung, wie das Kunstprinzip Trübners, „das Kolorit auf Grund der vollendetsten Zeichnung auf die höchste Stufe zu erheben“, im Leben der Zeit und als schulbildende Kraft sich bewährt hat.

Seit 1903 versieht Trübner das Amt eines akademischen Lehrers in Karlsruhe. Schon vorher hatte er in Frankfurt Malunterricht erteilt. Hier ist seine Gattin Alice als wesentlichste Schülerin zu nennen. Ihr ungemein sicheres Formtalent, ihre an den einfachsten Gegenständen geübte Koloristik, die von der Stillebenmalerei zur Landschaft und von da zum Bildnis und zur Figurenmalerei aufstieg, hat ihr in kurzer Zeit einen Namen als Künstlerin erworben, der vollklingend neben dem ihres Gatten steht. Ihr Werk ist nun schon abgeschlossen. Der Sohn Jörg, der dem Ehebunde entsprossen ist, wächst inmitten des reichen Lebenswerkes seiner Eltern unter höchsten Kulturgütern heran. Was die Verewigte selbst für den Gatten und Meister war, ist uns durch dessen zahlreiche Aussprüche bekannt. Ein Bund war entstanden, der unter gegenseitigem Verstehen und hoher Verehrung auf gleichen Wegen zum gleichen Ziel hinstrebte: zur rein malerischen Darstellung der Welt und ihrer Erscheinungen. Sicher ist, daß Trübners scharf ausgesprochene Meisterschaft auch der Schülerin, wie den übrigen Schülern, die Wege zur freien und eigenwüchsigen Entwicklung gangbar machte. Hat doch ein in sich so fertiger Meister wie Professor Jul. Schmid-Reutte unter dem befeuernden Einfluß Trübners noch einmal, kurz vor seinem Tode, sein malerisches

dessen letzte Schaffenszeit mit ihrem koloristischen Aufschwung ganz aus der Trübnerschen Schulung hervorgeht. Nicht zu vergessen ist an dieser Stelle auch des Freundes und Schülers Karl Schuch, dessen Stillebenmalerei, die dem Frühvollendeten den Nachruhm sichert, ganz auf Trübners Kunstweise beruht. Ebenso haben der Karlsruher Albert Lang und Maler Heinrich aus Schweinfurt a. M. unsern Meister schon anfangs der siebziger Jahre als ihr Vorbild und als ihren Meister verehrt, so daß auch sie in die Schülerzahl mit eingereiht werden müssen.

Eine ähnliche Erscheinung zeigt sich auch bei den Schülern der Karlsruher Zeit. Trübners Schule macht zweifellos den geschlossensten Eindruck, im Technischen wie im Stofflichen. Die Art zu sehen und die Natur wiederzugeben, die größeren Flächen in kleine, farbig abgestufte Vielecke aufzulösen und dadurch den höchstmöglichen Grad von Stofflichkeit und Leuchtkraft hervorzubringen, oder der breite, flächige Strich, der aus vereinfachten Farbflächen zur räumlichen und farbigen Synthese fortschreitet, ist in der Trübnerschule mit unfehlbarer Sicherheit geübt und wird von den meisten Schülern Trübners mit Geschmack gehandhabt. Diese sind in treuer Gefolgschaft ihres Meisters rasch zu Anerkennung und zu Erfolg gekommen. Nicht zu übersehen ist dabei, daß sie sich nicht auf den Kolorismus in Farben allein verlassen, sondern daß viele auch in geschätzten Schwarz-Weiß-Werken die Harmonie in den Gegensätzen von Schwarz-Weiß zu erreichen wissen. Seien es nun begebenheitliche Zeichnungen und Lithographien, oder aber leidenschaftlich hingewühlte Radierfolgen, sowie auch reiche Holzschnittwerke und sonstige, anmutig stilisierte Zeichnungen — um hier nur einige Gebiete zu nennen , sie weisen, wie das Schaffen seiner weiterhin vollzählig zu nennenden übrigen Schüler

Die wilden Männer von Preußen
1897

und Schülerinnen, darauf hin, wie Trübners festumrissene Begabung und sein männlicher Charakter auch den in seinen Grenzbezirken liegenden Talenten die Wege zur Übung persönlicher Kunstweise offen lassen. Der als einer unserer größten Meister anerkannte Künstler ist auch ein hervorragender bedeutender Lehrer und Theoretiker von nachwirkender Bedeutung. Weit über hundert Gemälde seiner Hand sind bereits in öffentlichen Galerien aufbewahrt und sprechen zu den Beschauern jetziger und späterer Zeiten ihre charaktervolle klare Sprache. Sie sind zugleich ein unwiderleglicher Beweis, daß seiner Kunst von berufener Seite aus bleibender Wert und klassische Bedeutung für die kunstliebende Mit- und Nachwelt zuerkannt werden.

TRÜBNERS GEMÀLDE

TRUBNER'S PICTURES

LES TABLEAUX DU TRUBNER

Abkürzungen – Abbreviations - Abréviations

H = Höhe = Height = Hauteur
B = Breite = Width = Largeur

Auf Holz = on wood = sur bois
Auf Leinwand = on canvas = sur toile

Die Maße sind in Metern angegeben
Measures are noted in meters
Les mesures sont indiquées en mètres

Karlsruhe, Kunsthalle

Auf Leinwand, H. 0,90, B. 0,88

In der Kirche

In the church — 1869 — A l'église

Privatbesitz — Auf Leinwand, H. 0,35, B. 0,40

Schädel

Scull — 1869 — Crâne

Privatbesitz — Auf Leinwand, H. 0,41, B. 0,54

Stilleben (Häring, Austern, Hummer)

Still-life (herring, oysters, lobster) — 1869 — Nature morte (hareng, huîtres, homard)

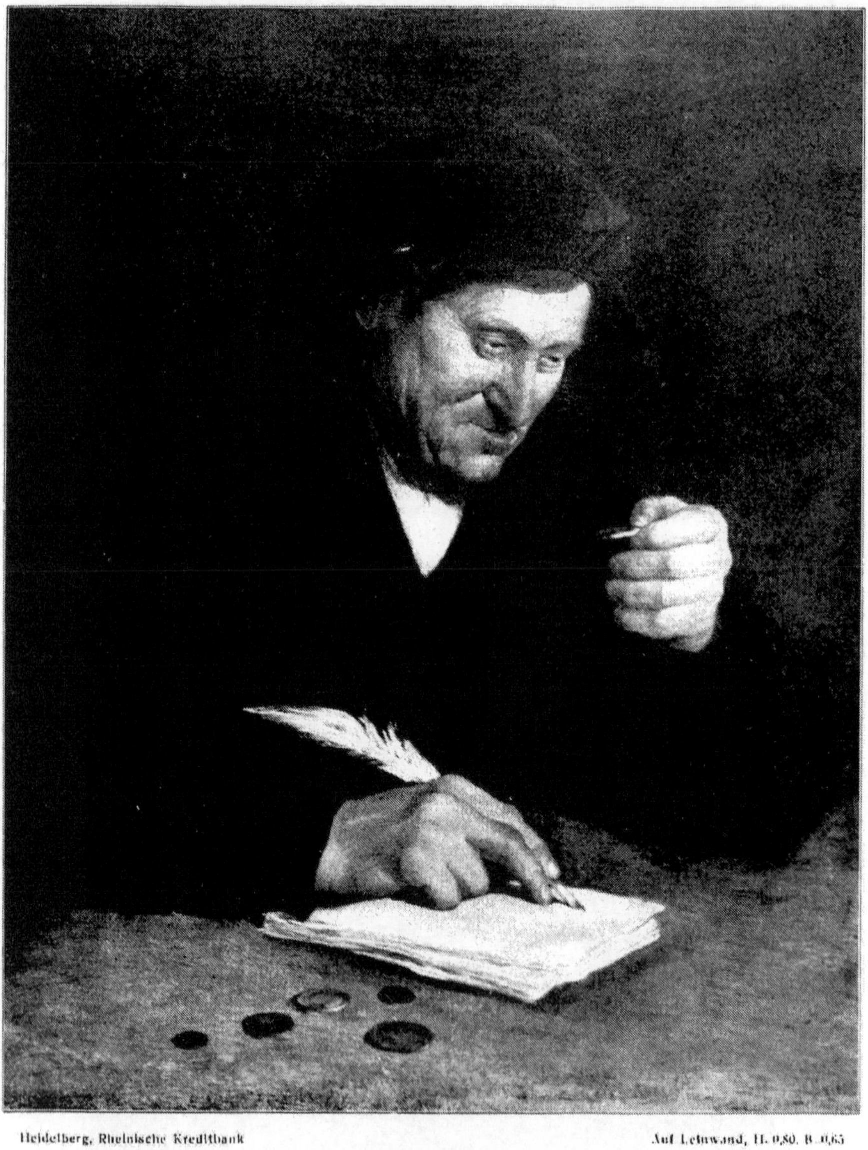

Heidelberg, Rheinische Kreditbank — Auf Leinwand, H. 0,80, B. 0,65

Numismatiker

Numismatic — 1869 — Numismatiste

Rüsselsheim a. M., Fritz Opel — Auf Leinwand, H. 0,53, B. 0,45

Alter Mann mit Hauskäppchen

Old man — 1869 — Vieil homme

Privatbesitz — Auf Leinwand

Studienkopf mit Helm

Head with helmet (a study) — 1869 — Tête d'étude au casque

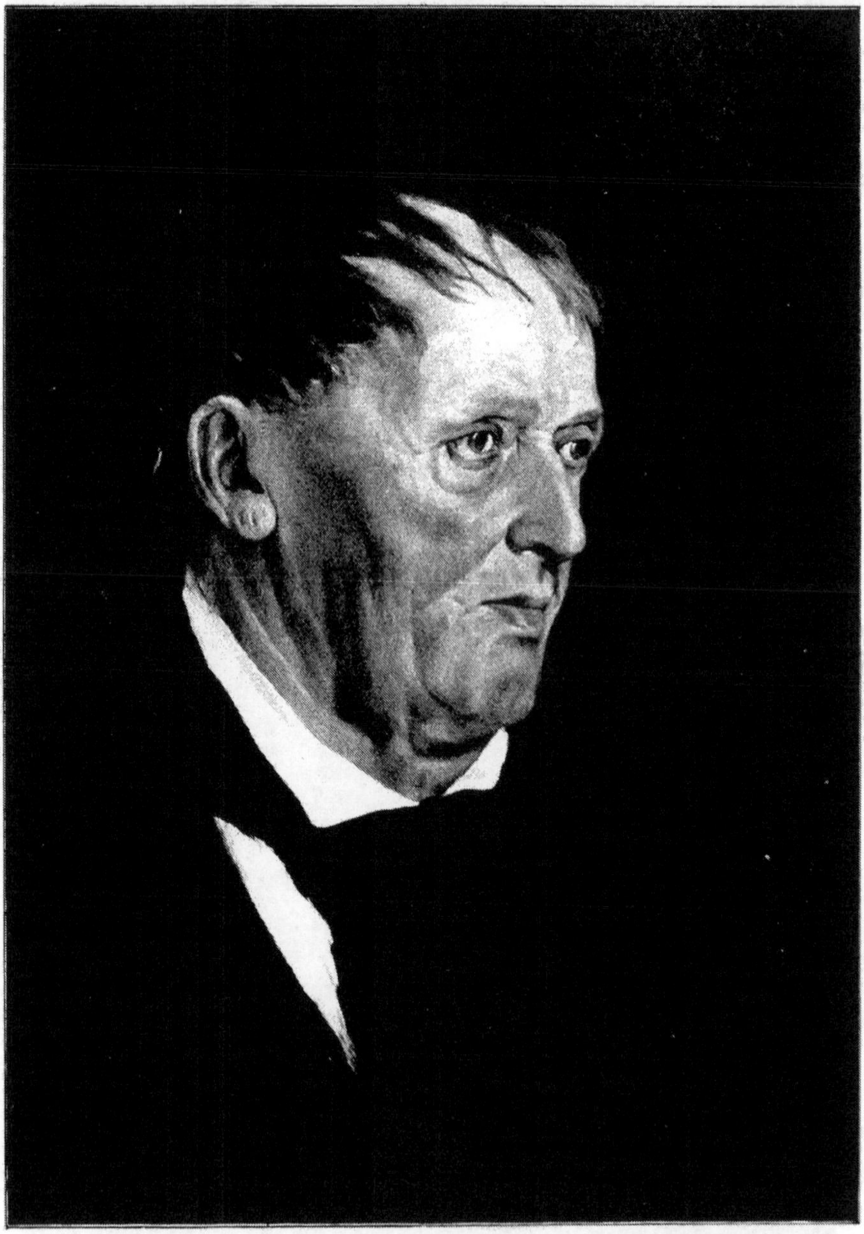

Privatbesitz

Auf Leinwand, H. 0,53, B. 0,40

Bartloser alter Mann

Old man without beard

1870

Vieil homme sans barbe

Privatbesitz — Auf Leinwand, H. 0,60, B. 0,50

Junger Mann

Young man — 1870 — Jeune homme

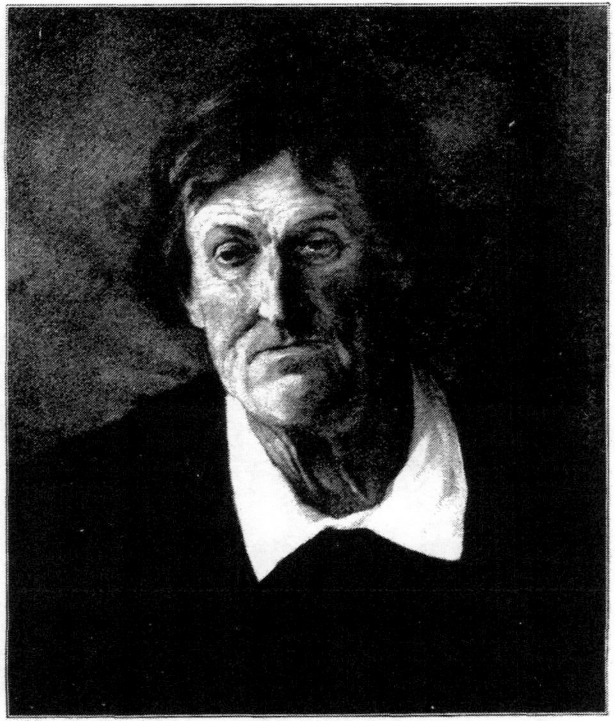

Privatbesitz — Auf Leinwand

Bartloser alter Mann mit weißem Hemdkragen

Head with a white collar — 1870 — Tête au col blanc

Privatbesitz — Auf Leinwand, H. 0,62, B. 0,51

Fräulein v. Maersch (Stieftochter Canons)

Head of Miss von Maersch, a study — 1870 — Tête d'étude de Mlle von Maersch

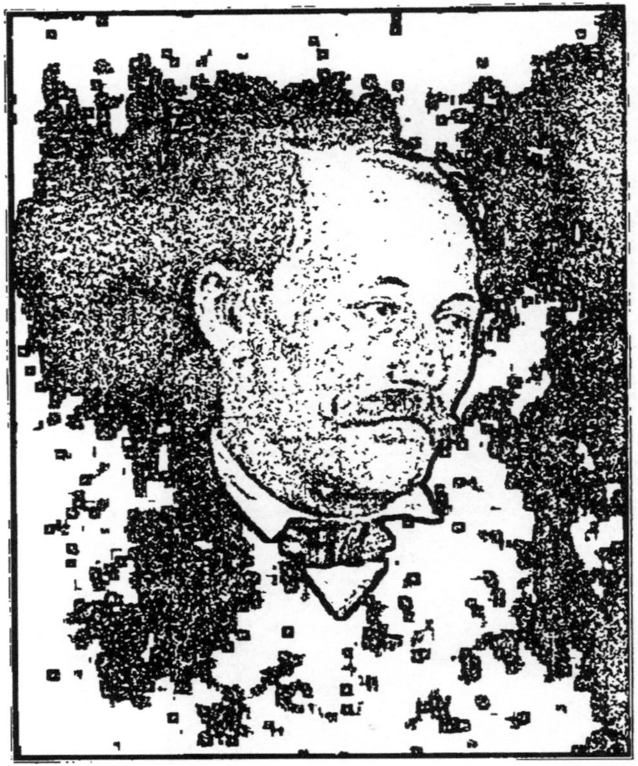

Privatbesitz

Auf Leinwand

Mann mit Schnurrbart

Man with moustache 1870 Homme aux moustaches

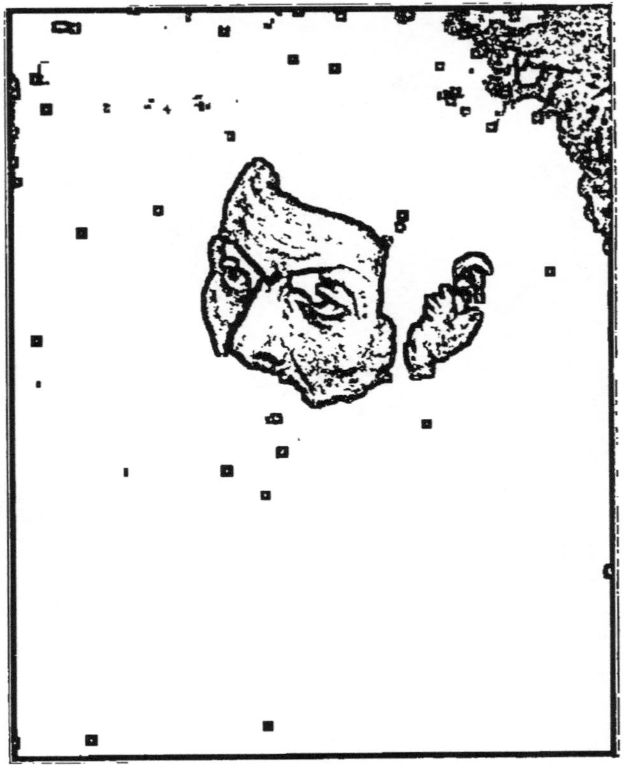

München, Kunsthandlung Caspari

Auf Leinwand H 0,50 B 0,45

Mann mit dunkelm Bart

Man with dark beard 1870 Homme barbu en noir

Wiesbaden, Sammlung Pagenstecher — Auf Leinwand, H. 0,77, B. 0,56

Badender Junge, am Ufer sitzend

Bathing boy sitting on the shore — 1871 — Garçon au bain, assis au rivage

Privatbesitz — Auf Leinwand, H. 0,52, B. 0,47

Nikolaus, Bruder des Künstlers, als kriegsfreiwilliger Dragoner

Nicolaus, the artist's brother, as a dragoon volunteer — 1871 — Nicolas, frère de l'artiste, comme dragon volontaire

Essen a. d. R., Krupp-Bohlen — Auf Leinwand, H. 0,60, B. 0,48

Nonne im Klostergang

Nun in the cloister-alley — 1872 — Religieuse au cloître

Privatbesitz

Auf Leinwand, H. 0,50, B. 0,35

Schwarzlockiges Mädchen

Girl with black curls 1871 Jeune fille aux boucles noires

München, Kunsthandlung Thannhauser — Auf Leinwand, H. 0,33, B. 0,49

Saal im Otto-Heinrichs-Bau des Heidelberger Schlosses

Hall in Heidelberg castle (Otto-Heinrich-party) 1871 Salle dans le château de Heidelberg

Privatbesitz — Auf Leinwand

Kellerfenster im Heidelberger Schloß

Skylight of a cellar in Heidelberg castle 1871 Soupirail (Château, partie d'Othon Henri)

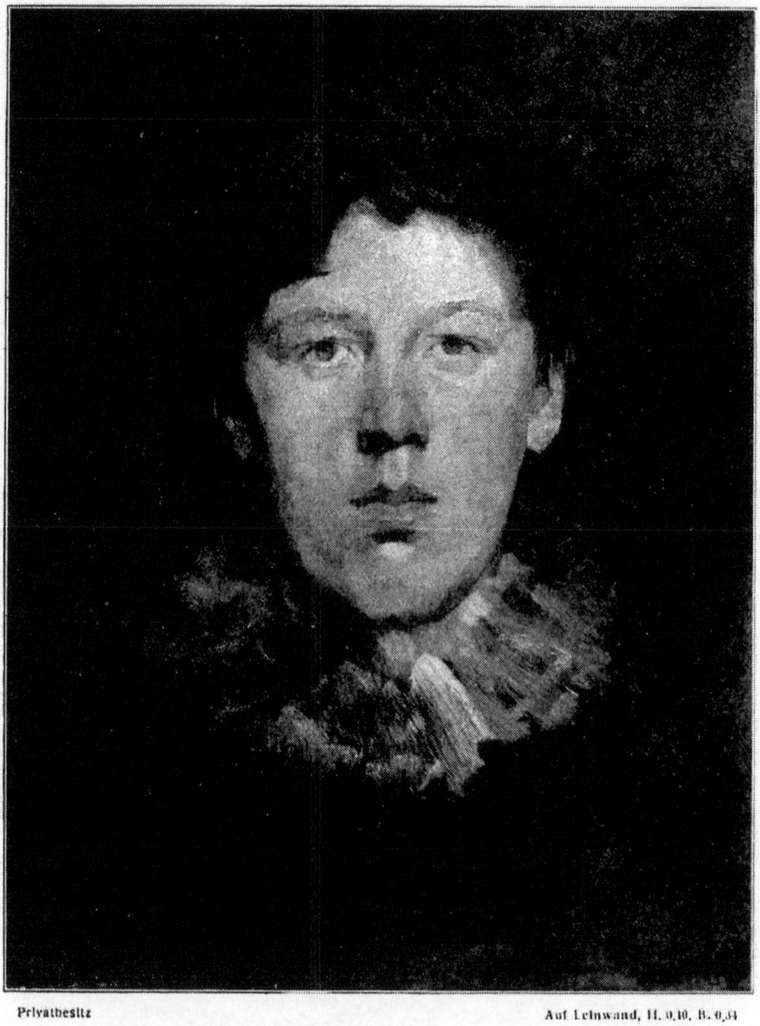

Privatbesitz

Auf Leinwand, H. 0,40, B. 0,34

Junge mit Halskrause

Boy with a ruff — 1871 — Garçon à la fraise

Neuyork, Sammlung Strausky — Auf Leinwand

Radiweib

Seller of radish — 1872 — Femme aux radis

Privatbesitz — Auf Holz

Violinspieler, sitzend

Violin-player — 1871 — Joueur de violon

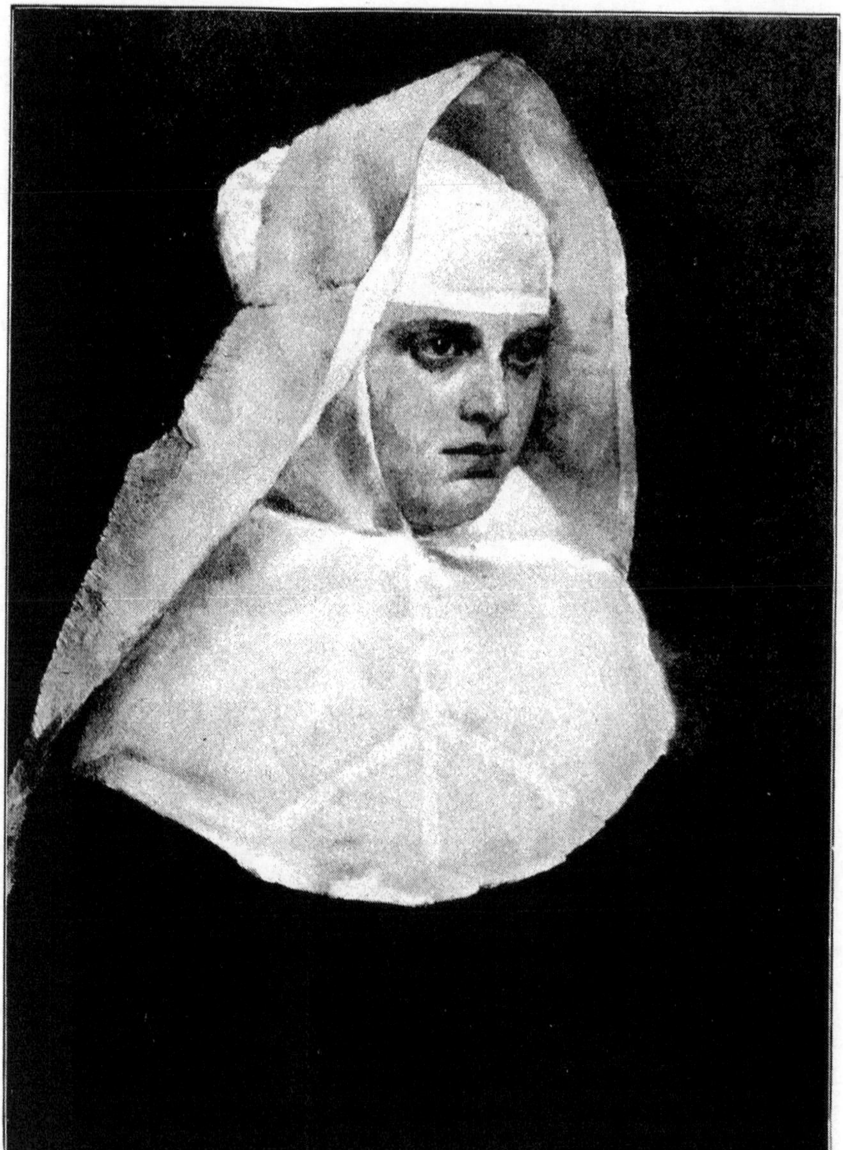

Berlin, Kunsthandlung Gurlitt

Auf Leinwand, H. 0,72, B. 0,54

Nonne

Nun — 1871 — Religieuse

Privatbesitz — Auf Leinwand, H. 0,50, B. 0,41

Mädchen mit weißem Halstuch

Girl with a white neck cloth — 1872 — Jeune fille au fichu blanc

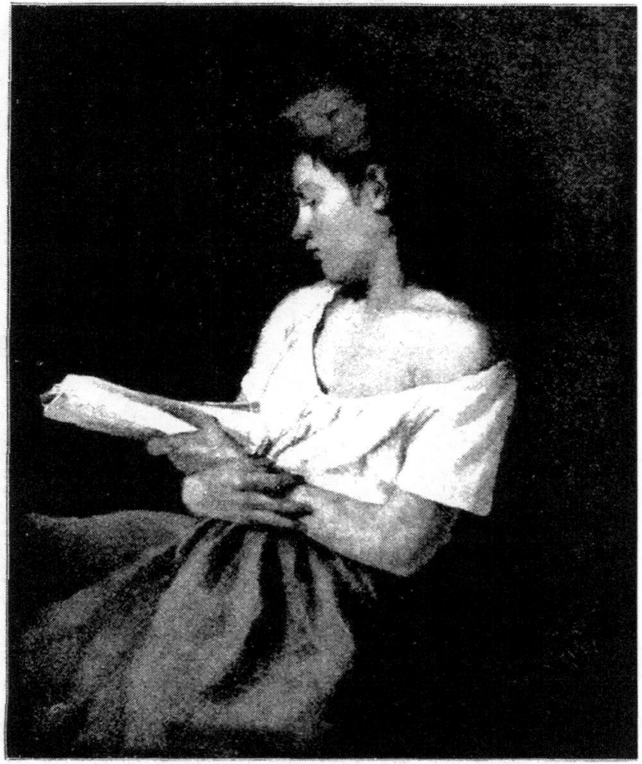

Breslau, Galerie — Auf Leinwand, H. 0,90, B. 0,75

Lesendes Mädchen

Girl, reading — 1871 — Jeune fille, lisant

Stuttgart, Kgl. Museum der bildenden Künste — Auf Leinwand, H. 0,555, B. 0,466

Der erste Versuch

The first trial — 1872 — Le premier essai

Frankfurt a. M., Sammlung Richard Nestle | Auf Leinwand, H. 0,76, B. 0,61

Rosen und Orange

Roses and oranges | 1872 | Roses et oranges

Berlin, Kgl. Nationalgalerie — Auf Leinwand, H. 0,52, B. 0,45

Auf dem Kanapee

On the sofa — 1872 — Sur le sofa

Hannover, Kestner-Museum

Auf Leinwand, H. 0,53, B. 0,715

Prügelei

1872

Fighting boys

Querelle de garçons

München, Kgl. Neue Pinakothek — Auf Leinwand, H. 0,82, B. 0,61

Im Atelier

In the studio — 1872 — Dans l'atelier

Dresden, Sammlung Osk. Schmitz — Auf Leinwand, H. 0,475, B. 0,40

Fräulein K. (mit weißer Halskrause)

Miss K. (with a white ruff) — 1872 — Mlle K. (à la fraise blanche)

Berlin, Kgl. Nationalgalerie — Auf Leinwand, H. 0,88, B. 0,66

Bürgermeister Hoffmeister (Pate des Künstlers)

Mayor Hoffmeister — 1872 — Maire Hoffmeister

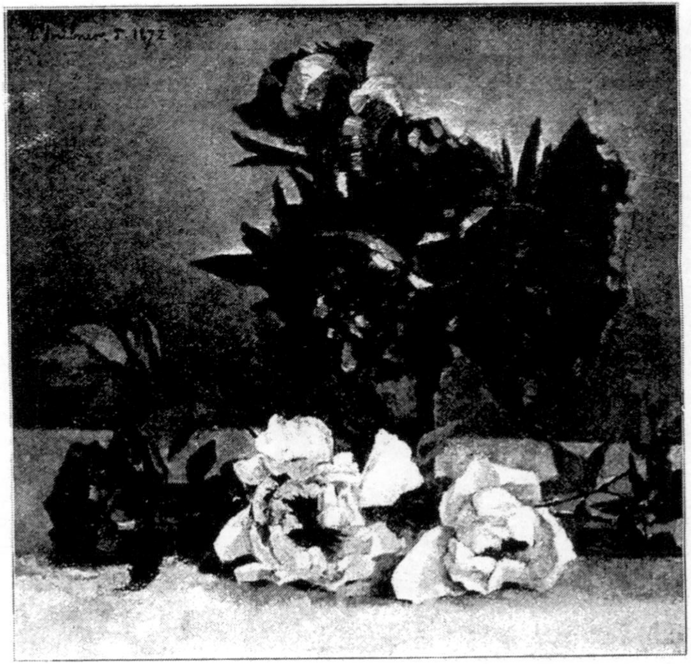

München, Kgl. Neue Pinakothek — Auf Leinwand, H. 0,39, B. 0,40

Pfingstrosen

Peonies — 1872 — Pivoines

Privatbesitz — Auf Leinwand, H. 0,60, B. 0,47

Singender Mönch

A singing monk — 1872 — Moine chantant

Dresden, Kgl. Gemäldegalerie

Auf Leinwand, H. 0,60, B. 0,49

Selbstbildnis in Rom

Portrait of the artist — 1872 — Portrait de l'artiste

Privatbesitz

Auf Leinwand, H. 0,52, B. 0,44

Italienerin

Italian girl — 1873 — Jeune fille italienne

Privatbesitz

Auf Leinwand, H. 0,27, B. 0,34

Beim römischen Wein

Drinking Roman wine

1872

Buveur de vin romain

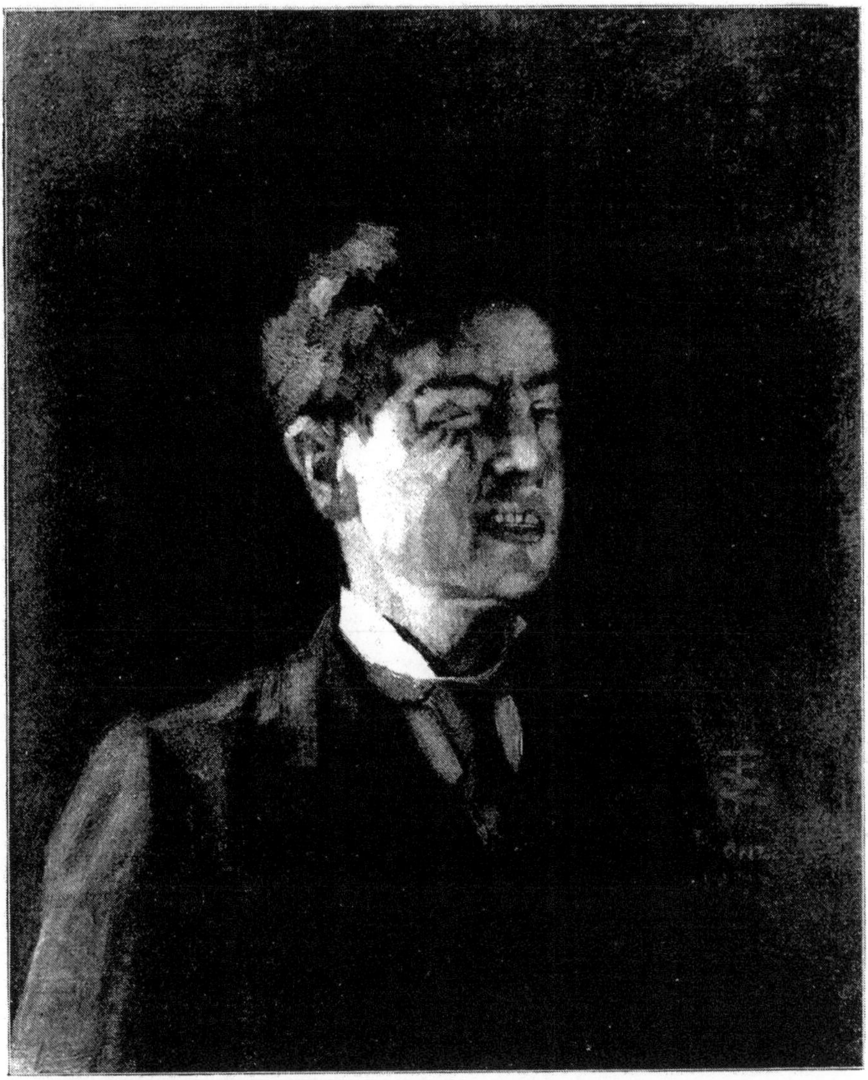

Im Besitz des Künstlers Auf Leinwand, H. 0,29, B. 0,24

Selbstbildnis, ein Auge zusammenkneifend

Portrait of the artist 1872 Portrait de l'artiste

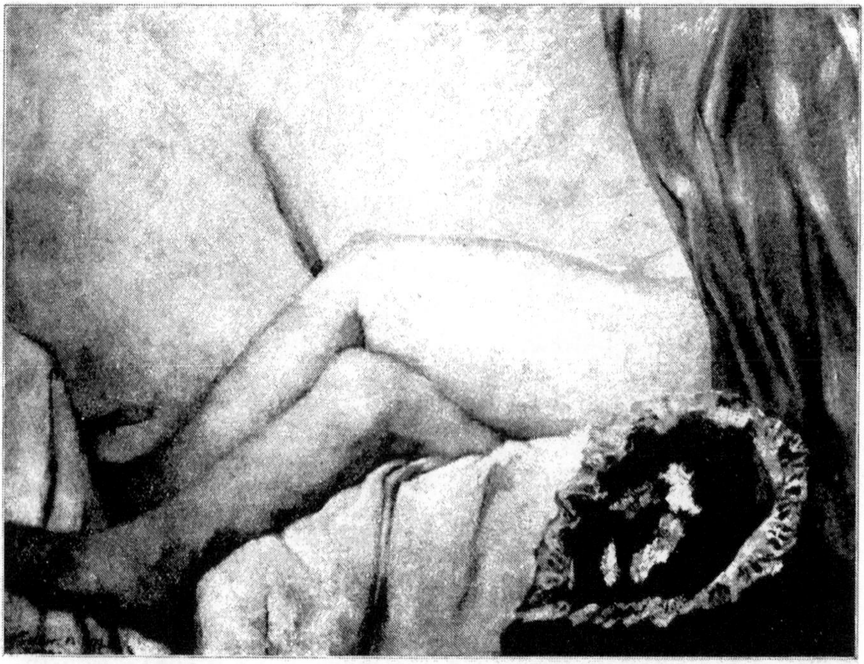

Privatbesitz — Auf Leinwand, H. 0,67, B. 0,92

Mädchen hinter dem Vorhang

Undraped figure behind a curtain — 1873 — Acte derrière un rideau

Frankfurt a. M., Generalkonsul Sir F. O. Oppenheim — Auf Leinwand, H. 0,53, B. 0,45

Mohr mit Pfingstrosen

Negro with peonies — 1872 — Nègre avec des pivoines

Baden-Baden, Sammlung Laroche-Ringwald — Auf Leinwand, H. 0,62, B. 0,50

Kassensturz

Taking stock — 1873 — Bourse vide

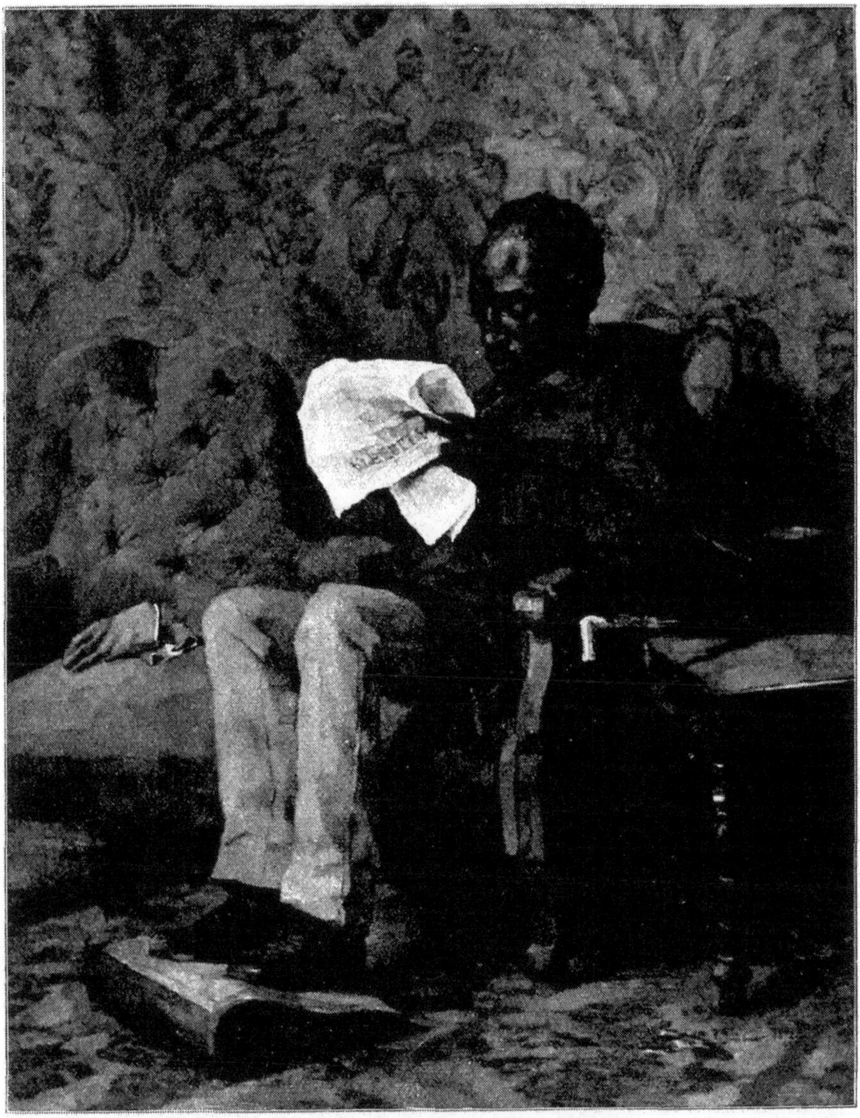

Frankfurt a. M., Städelsches Kunstinstitut

Auf Leinwand, H. 0,63. B 0,51

Zeitunglesender Mohr

Negro reading the newspaper — 1872 — Nègre lisant le journal

Frankfurt a. M., Städelsches Kunstinstitut — Auf Leinwand, H. 0,70, B. 0,53

Bildnis mit violettem Kleid

Portrait in a violet dress — 1873 — Portrait à la robe violette

Privatbesitz

Auf Leinwand, H. 0,61, B. 0,76

Waldinneres mit schwarzem Vogel

Beech-grove with a black bird — 1873 — Forêt de hêtres avec un oiseau noir

Hamburg, Kunsthalle — Auf Leinwand, H. 1,06, B. 0,77

Albert Weber

Albert Weber — 1873 — Albert Weber

Berlin, Kunsthandlung Fritz Gurlitt — Auf Leinwand, H. 0,44, B. 0,54

Stückgarten im Heidelberger Schloß

Glacis in Heidelberg castle — 1873 — Glacis au château de Heidelberg

Berlin, Kunsthandlung Fritz Gurlitt — Auf Leinwand, H. 0,48, B. 0,61

Waldrand im Mausbachtal bei Heidelberg

Skirt of a forest — 1873 — Lisière d'un forêt

Bremen, Kunsthalle — Auf Leinwand, H. 0,77, B. 0,63

Wendeltreppe im Heidelberger Schloß

Winding staircase in Heidelberg castle — 1873 — Escalier à vis dans le château de Heidelberg

Privatbesitz

Auf Leinwand

Vater des Künstlers (von vorn)

Portrait of my father (full front) 1873 Portrait de mon père, en face

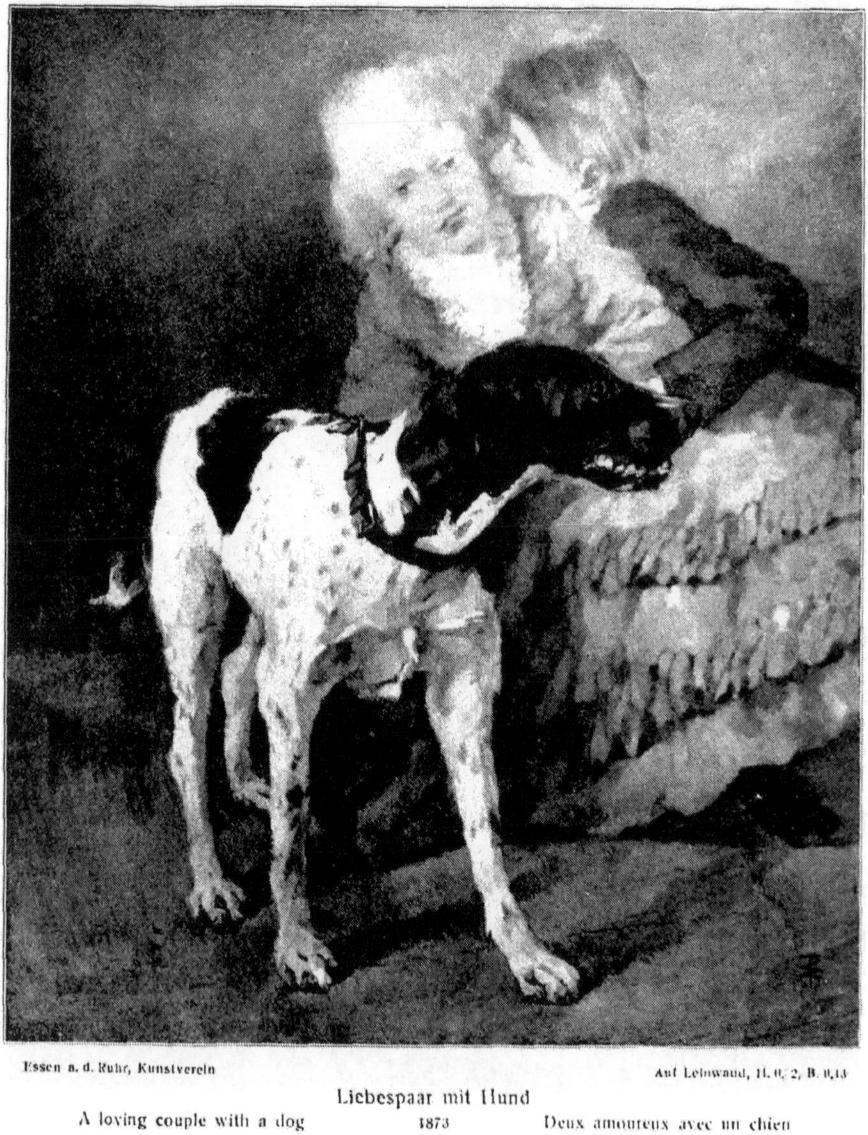

Essen a. d. Ruhr, Kunstverein — Auf Leinwand, H. 0,72, B. 0,13

Liebespaar mit Hund

A loving couple with a dog — 1873 — Deux amoureux avec un chien

Wiesbaden, Sammlung Pagenstecher — Auf Leinwand, H. 0,61, B. 0,76

Wildenten

Wild ducks — 1873 — Canards sauvages

Darmstadt, Museum — Auf Leinwand, H. 0,55, B. 0,36

Im Heidelberger Schloß

In Heidelberg castle — 1873 — Au château de Heidelberg

Mannheim, Kunsthalle

Auf Leinwand, H. 0,77, B. 0,91

Wildschwein mit Jagdhund

Wildboar and dog

1873

Sanglier et chien

Hamburg, Kunsthalle

Auf Leinwand, H. 0,61, B. 0,76

Fasanen
1873

Pheasants

Faisans

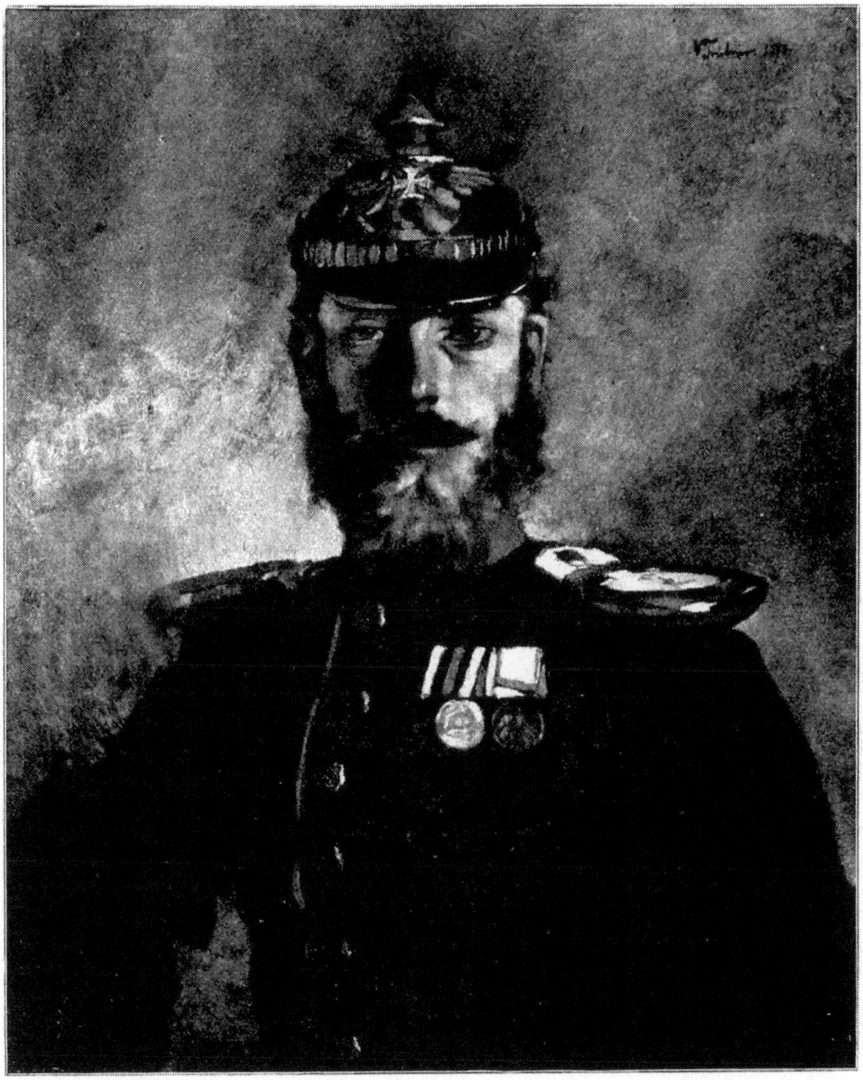

Bremen, Kunsthalle

Auf Leinwand, H. 0,75, B. 0,62

Landwehroffizier (von vorn)

Officer of the militia (full front)

1873

Officier de milice (en face)

Mannheim, Kunsthalle — Auf Leinwand, H. 0,77, B. 0,91

Reh und Hasen

Roe and hares — 1873 — Chevreuil et lièvres

Wien, Moderne Galerie — Auf Leinwand, H. 0,61, B. 0,55

Landwehroffizier (von der Seite)

Officer of the militia (side face, left) — 1873 — Officier de milice (profil à gauche)

Privatbesitz — Auf Leinwand, H. 0,71, B. 0,50

Bildnis des stud. Michaelis mit Papierrolle

Undergraduate Michaelis — 1873 — Etudiant Michaelis

Im Besitz des Künstlers

Auf Leinwand, H. 0,76, B. 0,60

Georg Trübner, Vater des Künstlers

Portrait of my father

1874

Portrait de mon père

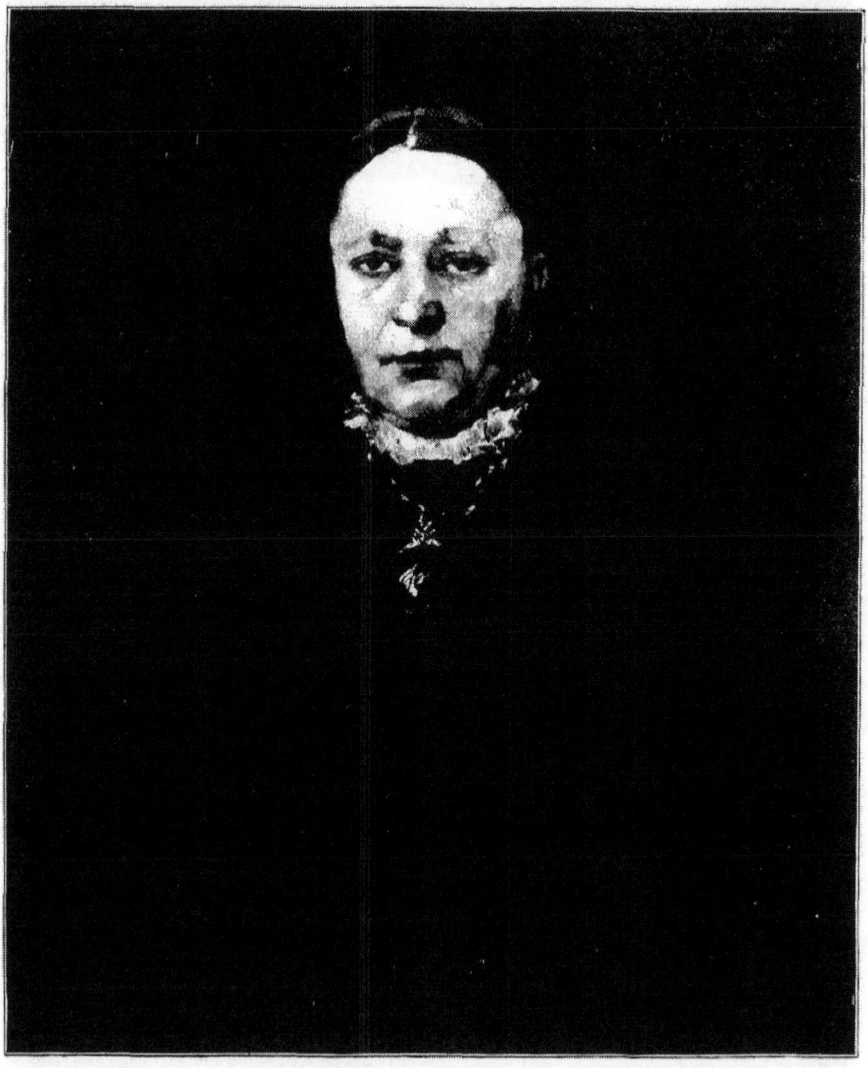

Im Besitz des Künstlers — Auf Leinwand, H. 0,76, B. 0,60

Anna Trübner, Mutter des Künstlers

Portrait of my mother — 1874 — Portrait de ma mère

Bremen, Kunsthalle

Auf Leinwand, H. 0,80, B. 0,62

Kusine Elise
1873

Cousin Eliza

Cousine Elise

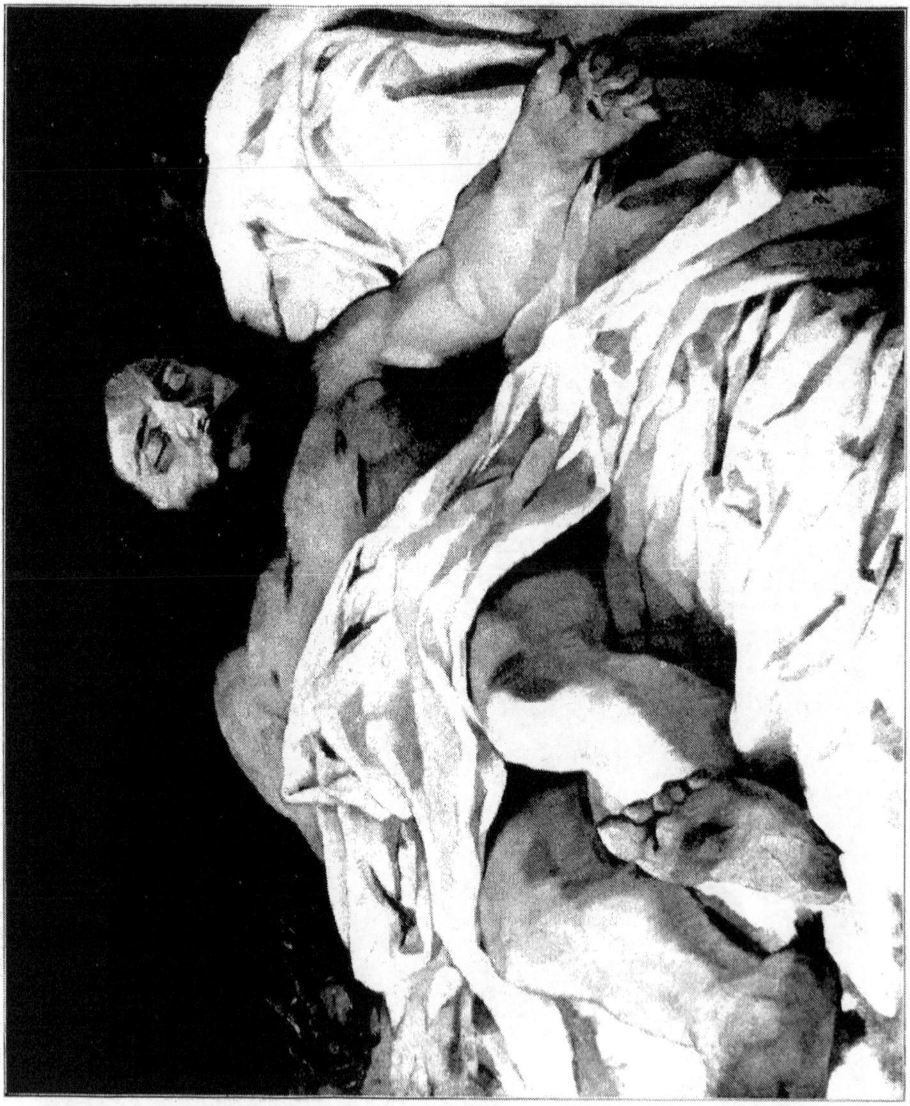

Hamburg, Kunsthalle

Auf Leinwand, H. 0,88, B. 1,00

Christus im Grabe II

Christ II

1871

Le Christ II

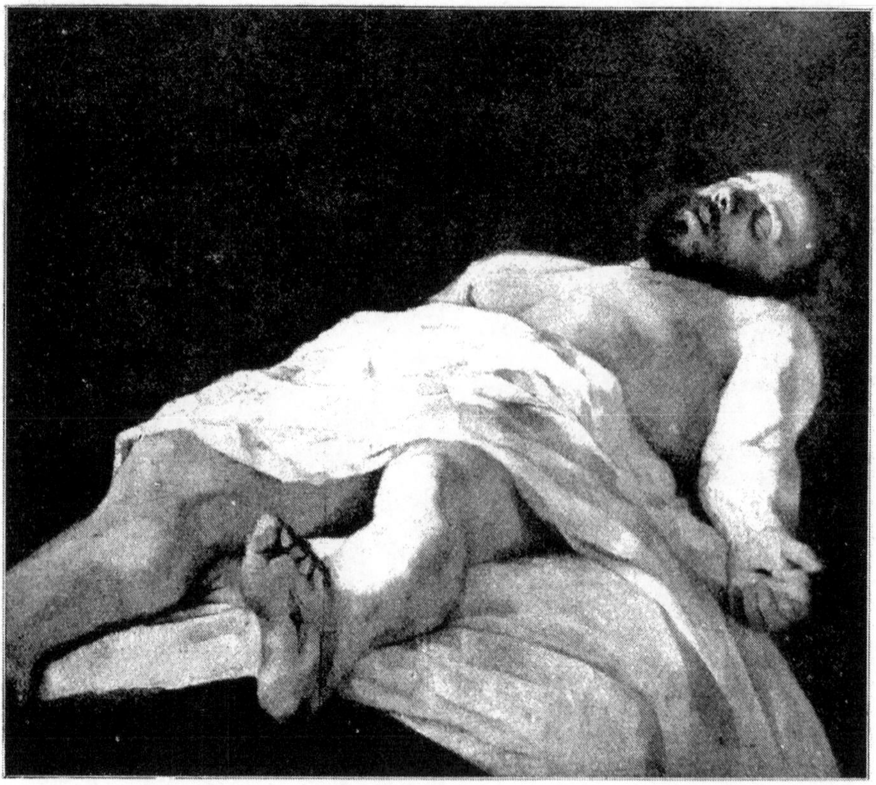

München, Kgl. Neue Pinakothek — Auf Leinwand, H. 0,89, B. 1,01

Christus im Grabe III

Christ III — 1874 — Le Christ III

Privatbesitz — Auf Leinwand, H 0,92 B 0,78

Bacchus

Bacchus — 1874 — Bacchus

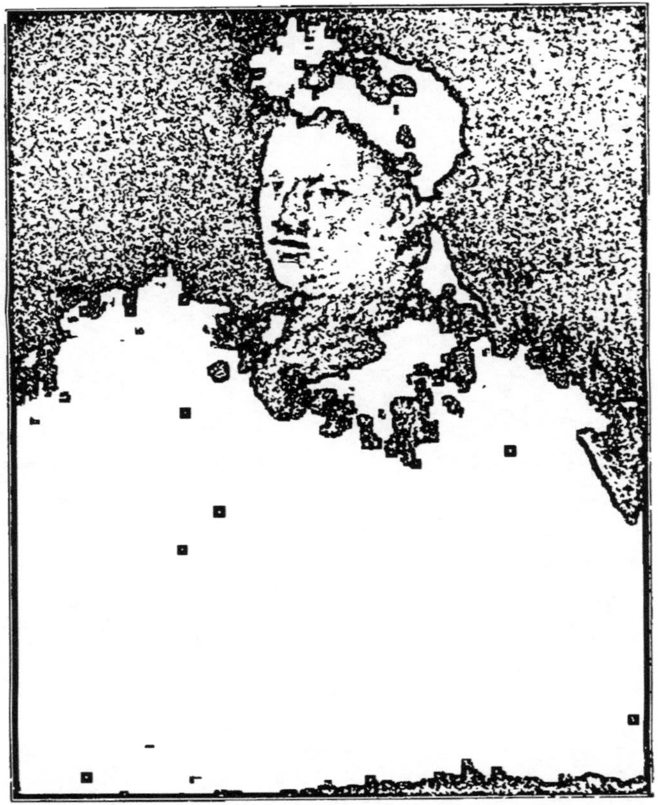

Privatbesitz — Auf Leinwand, H 1,00 B [illegible]

Brusselerin im Mantel

Girl of Brussels, in fur — 1874 — Bruxelloise en fourrure

Privatbesitz

Auf Leinwand, H. 0,56, B. 0,46

Adam und Eva, im Kostüm

Adam and Eve, draped 1873 Adam et Eve, drapés

Privatbesitz

Auf Leinwand, H. 0,67, B. 0,56

Brüsselerin mit blauer Krawatte

Statistin des Theaters St. Hubert, Brüssel

Girl of Brussels, wearing a ruff — 1874 — Bruxelloise à la cravate

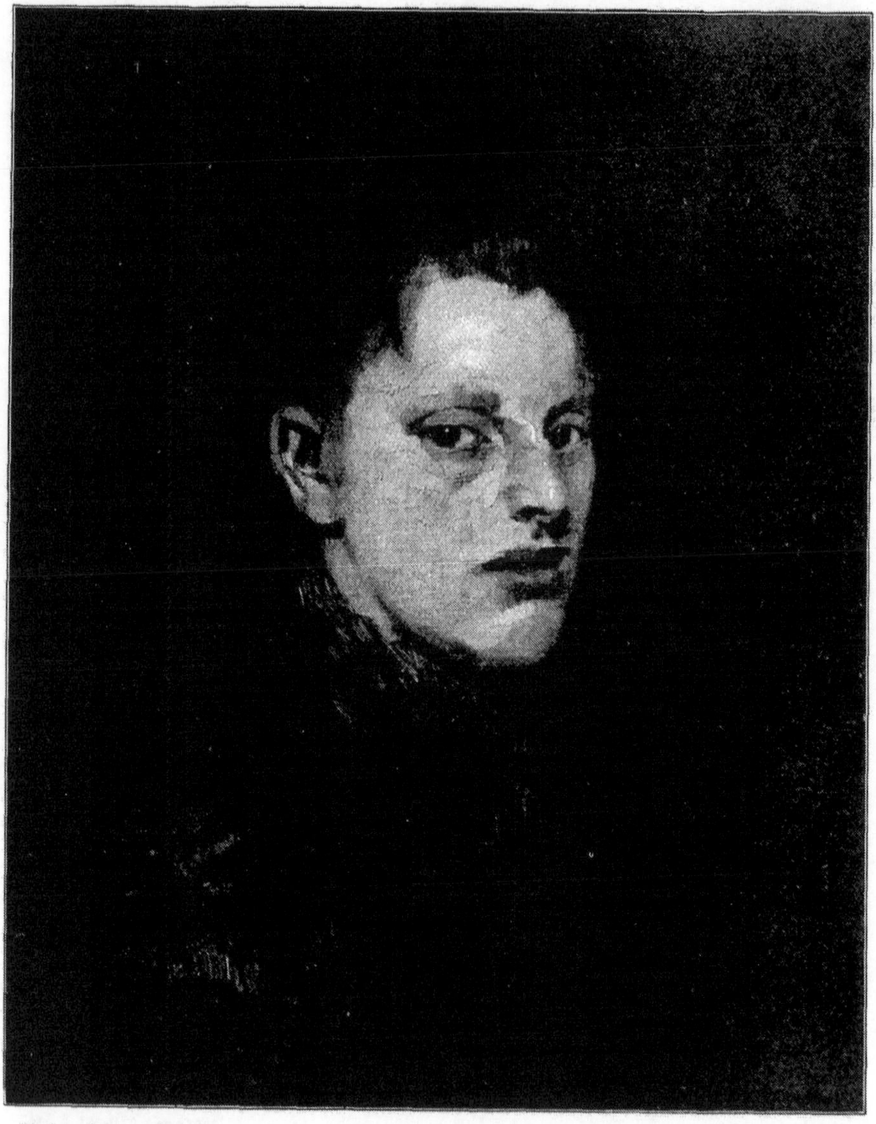

München, Kgl. Neue Pinakothek — Leinwand auf Holzbrett, H. 0,62, B. 0,50

Leonie de Baker

Statistin des Theaters St. Hubert, Brüssel

Leonie de Baker — 1874 — Leonie de Baker

Berlin, Kgl. Nationalgalerie — Auf Leinwand, H. 0,75, B. 0,90

Herreninsel im Chiemsee (Frontansicht)

Isle of the Monks, Chiemsee — 1874 — Ile des Moines, Chiemsee

Privatbesitz

Auf Leinwand, H. 1,00, B. 0,80

Mädchen mit weißen Strümpfen

Girl in white stockings — 1874 — Jeune fille aux bas blancs

Frankfurt a. M., van Roy — Auf Leinwand, H. 0,61, B. 0,76

Wirtschaftsgebäude auf der Herreninsel I

A farm-building I — 1874 — Bâtiment d'exploitation I

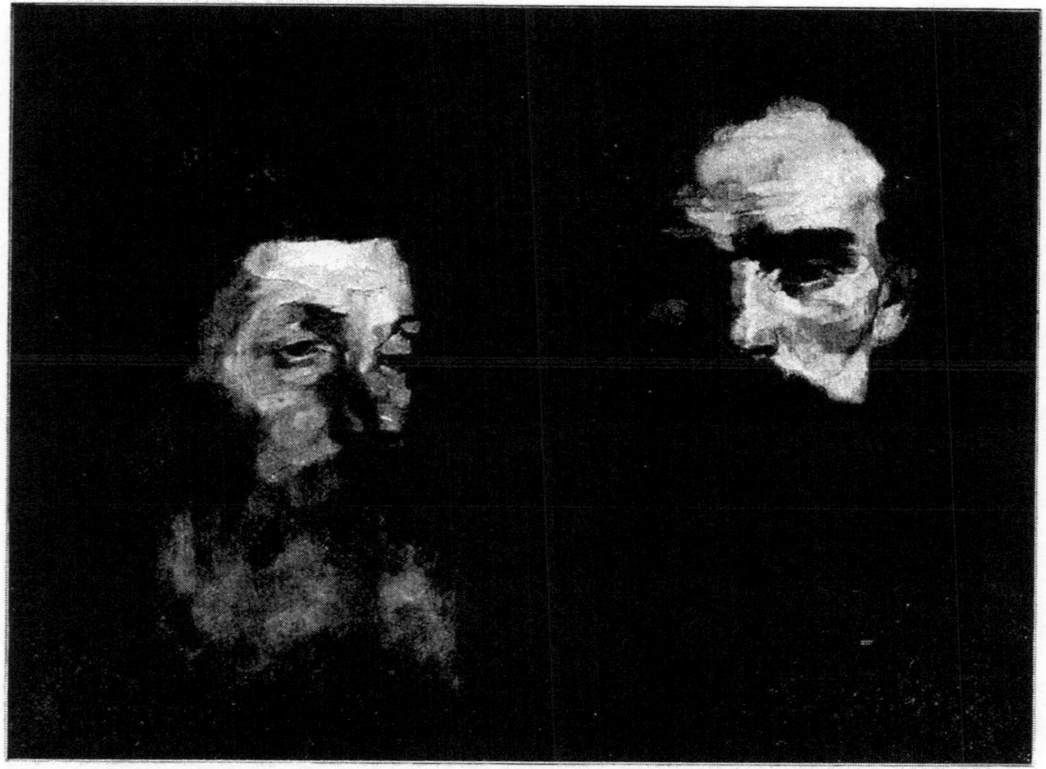

Berlin, Kunsthandlung Fritz Gurlitt — Auf Leinwand

Zwei männliche Studienköpfe

Heads, study — 1874 — Têtes d'étude

München, Kgl. Neue Pinakothek — Auf Leinwand, H. 0,61, B. 0,76

Wirtschaftsgebäude auf der Herreninsel II

A farm-building at Chiemsee II — 1874 — Bâtiment d'exploitation, Chiemsee II

Düsseldorf, Städtische Galerie — Auf Leinwand

Herreninsel im Chiemsee (Seitenansicht)

Isle of the Monks, Chiemsee — 1874 — Ile des Moines, Chiemsee

Privatbesitz

Auf Leinwand, H. 0,76, B. 0,61

Birken auf der Herreninsel

Birches

1874

Des bouleaux

Frankfurt a. M., Sammlung Heymann — Auf Leinwand

Linde auf der Herreninsel

Linden-tree, Herrenchiemsee — 1874 — Tilleul, lac de Herrenchiem

München, Sammlung Weigand — Auf Leinwand, H. 0,41, B. 0,54

Dampfbootsteg auf der Herreninsel

Pier, Chiemsee — 1874 — Embarcadère, Chiemsee

Köln, Wallraf-Richartz-Museum — Auf Leinwand, H. 1,03, B. 0,83

Selbstbildnis als Einjähriger

Portrait of the artist — 1875 — Portrait de l'artiste

Im Besitz des Künstlers — Auf Leinwand, H. 0,55, B. 0,41

Selbstbildnis als Dragoner-Einjähriger, mit Palette

Portrait of the artist — 1875 — Portrait de l'artiste

Wien, Moderne Galerie

Auf Leinwand, H. 0,365, B. 0,515

Abgesessene Kavallerie

1875

Dismounted cavalry

Cavalerie descendue

München, Kgl. Neue Pinakothek — Auf Leinwand, H. 0,92, B. 0,77

Dragoner-Einjähriger Max Höpfner

One year-volunteering soldier M. H. — 1875 — Soldat, volontariat d'un an, M. H.

Im Besitz des Künstlers

Auf Leinwand, H. 0,58, B. 0,44

Selbstbildnis als Einjähriger mit Helm und Kartusche

Portrait of the artist (bust, in helmet) 1875 Portrait de l'artiste (buste, casque)

Verschollen

Auf Leinwand

Lachender Junge am Bretterzaun

Laughing boy

1875

Garçon riant

Frankfurt a. M., Kunsthandlung Schneider — Auf Leinwand, H. 0,40, B. 0,33

Alte Frau mit aufgestützter Hand

Old woman — 1875 — Vieille femme

Stuttgart, Kgl. Museum der bildenden Künste — Auf Leinwand, H. 0,68, B. 0,635

Alte Frau

Old woman — 1875 — Vieille femme

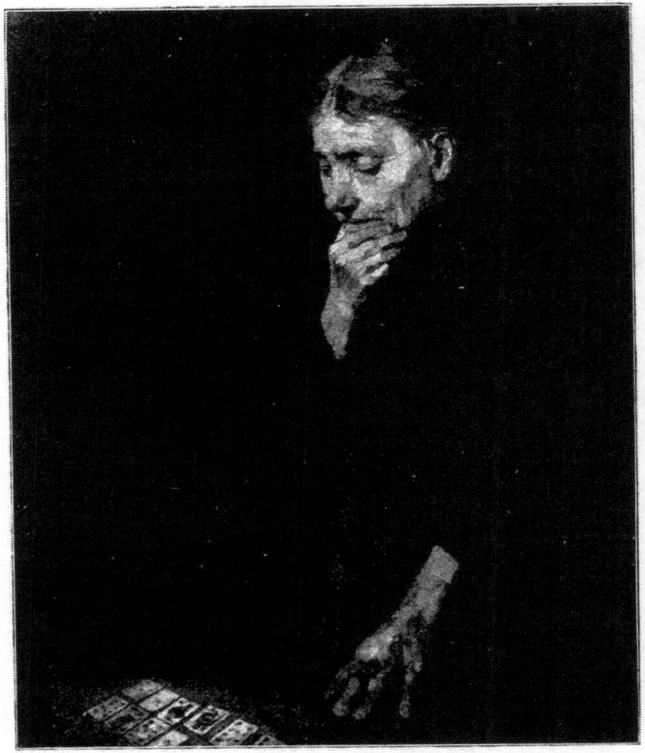

Wiesbaden, Sammlung Pagenstecher — Auf Leinwand, H. 0,47, B. 0,38

Kartenschlägerin

Fortune-teller — 1875 — Cartomancienne

Frankfurt a. M., Sammlung Weiller

Junge mit weißwollener Weste

Boy in white sweater — 1875 — Garçon à la jaquette blanche

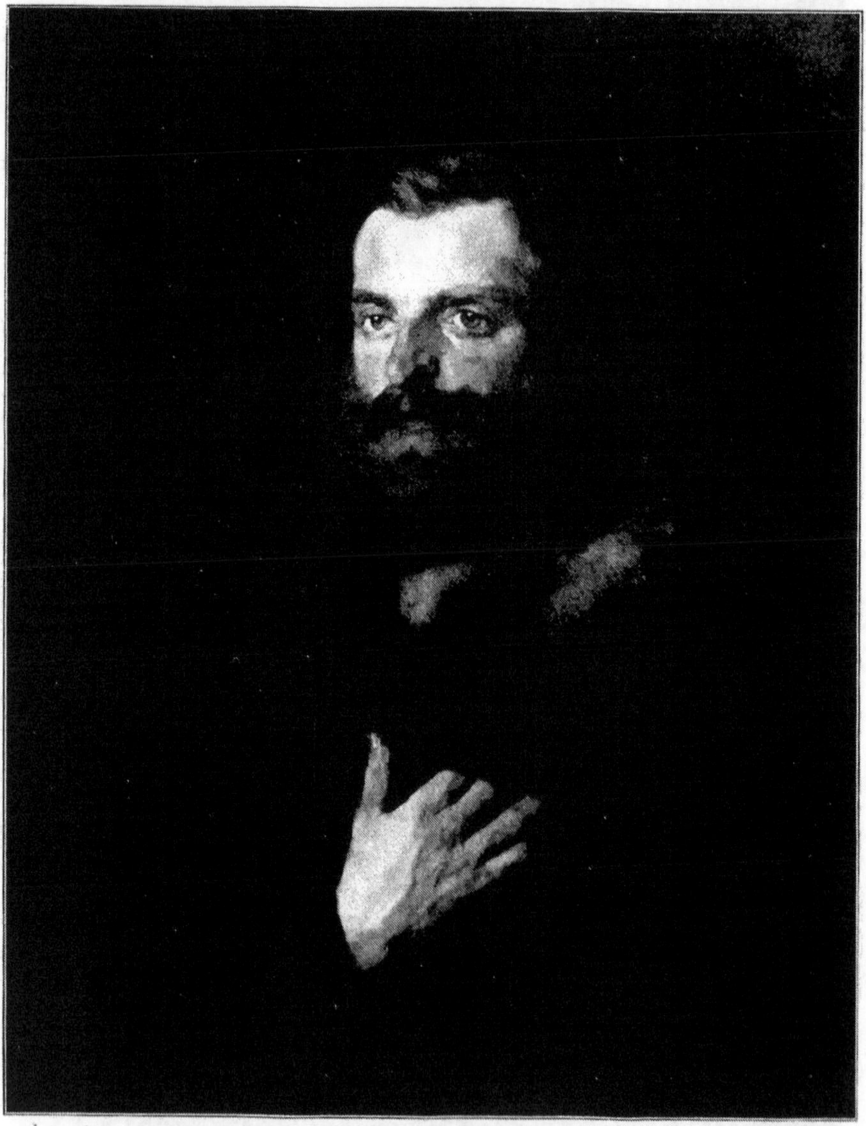

Frankfurt a. M., Sammlung Ullmann — Auf Leinwand, H. 0,77, B. 0,63

Mann mit rotem Bart

Mann with a red beard — 1875 — Homme à la barbe rousse

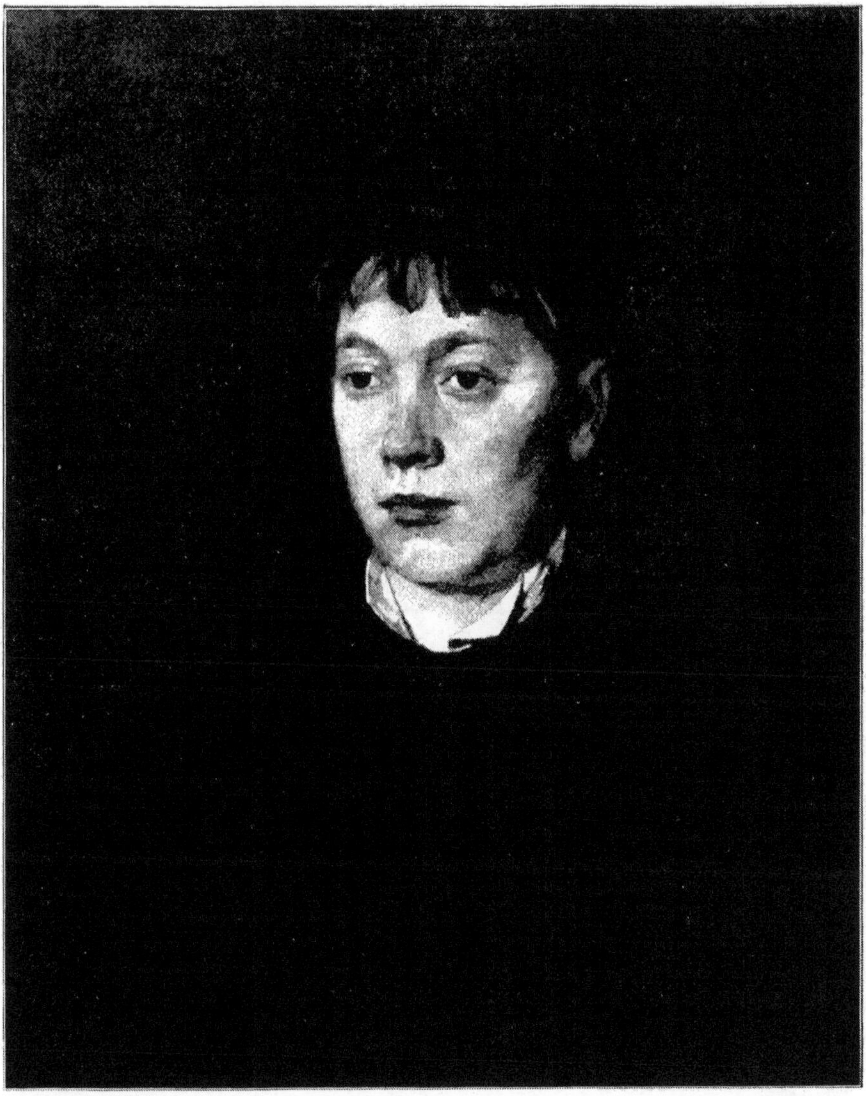

München, Kgl. Neue Pinakothek — Auf Leinwand, H. 0,61, B. 0,50

Mädchen mit Giselafransen

Girl with fringes — 1876 — Fille aux franges

Privatbesitz

Auf Leinwand, H. 0,60, B. 0,48

Mädchen mit Pelzkragen

Female head in a fur, study

1875

Tête d'une jeune femme en fourrure, étude

Frankfurt a. M., Kunsthandlung Schneider | Auf Leinwand

Blondine mit Federboa

Girl's head in a feather-boa — 1876 — Tête de jeune fille, en boa

Privatbesitz

Auf Leinwand, H. 0,55, B. 0,46

Blondine mit Hut und Pelz

Female head in hat and fur

1876

Tête de femme au chapeau et en fourrure

Wiesbaden, Sammlung Pagenstecher — Auf Leinwand, H. 0,72, B. 0,45

Mädchen mit viereckigem Halsausschnitt

Girl in a low necked dress — 1876 — Jeune fille décolletée

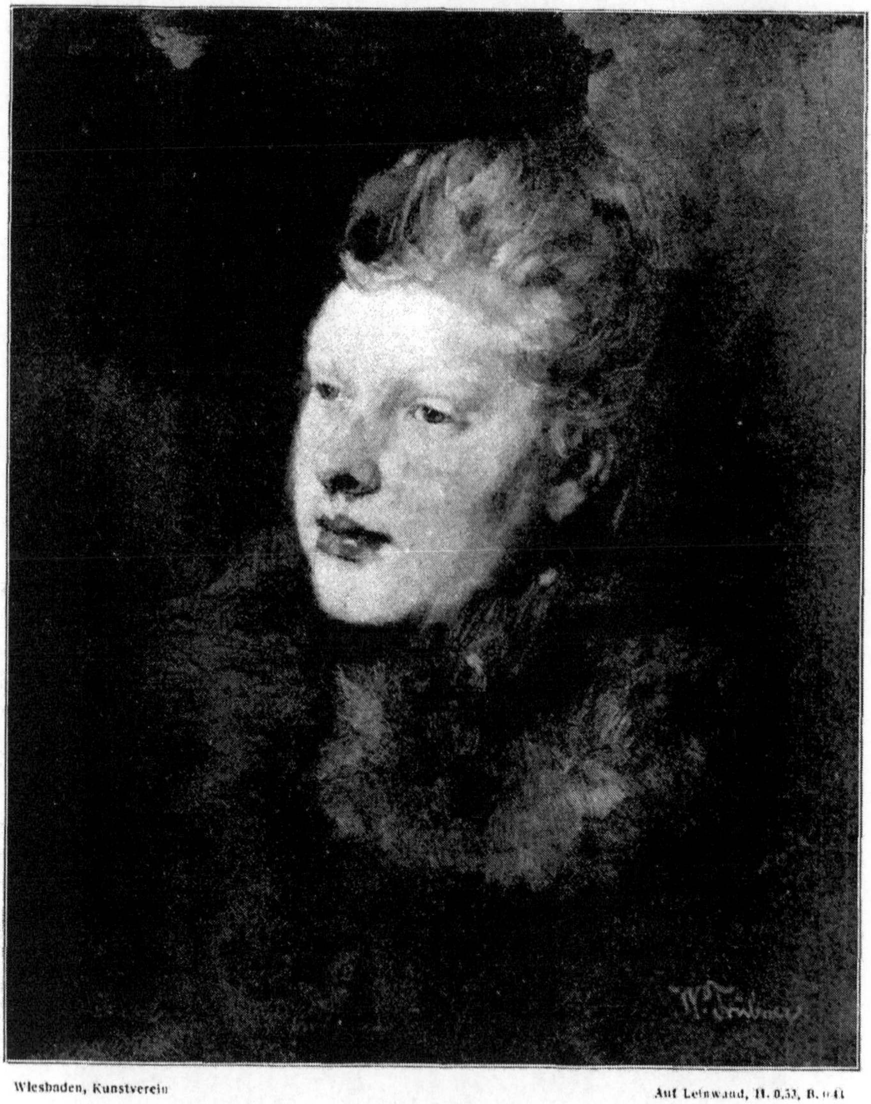

Wiesbaden, Kunstverein

Auf Leinwand, H. 0,53, B. 0,41

Blondine mit Pelz

A blonde in a fur

1876

Fille blonde en fourrure

Dresden, Kgl. Gemäldegalerie — Auf Leinwand, H. 0,55, B. 0,45

Mädchen mit blauem Hut

Portrait with a blue hat — 1876 — Portrait au chapeau bleu

Privatbesitz — Auf Leinwan

Mädchenkopf mit grauem Kleid

Girl's head, study — 1876 — Tête de jeune fille, étude

Hagen i. W., Museum Folkwang — Auf Leinwand, H. 1,05, B. 0,91

Dame in grauem Kleid

Lady in grey — 1876 — Dame en gris

Privatbesitz

Auf Leinwand, H. 0,51, B. 0,44

Dame im Sessel

Lady in an easy chair — 1876 — Dame en fauteuil

Dresden, Kgl. Gemäldegalerie

Auf Leinwand, H. 0,94, B. 0,79

Dame in braunem Kleid

1876

Portrait in a brown dress

Portrait en robe brune

Wiesbaden, Sammlung Pagenstecher | Auf Leinwand, H. 0,62, B. 0,51

Geheimrat Dr. Eisenmann, Galeriedirektor a. D.

Dr. Eisenmann | 1876 | Le docteur Eisenmann

Frankfurt a. M., Städelsches Kunstinstitut — Auf Leinwand. H. 0,92, B. 0,785

Dichter Martin Greif

Martin Greif — 1876 — Martin Greif

Wiesbaden, Sammlung Pagenstecher — Auf Leinwand, H. 0,55, B. 0,46

Selbstbildnis, lachend

Portrait of the artist, laughing — 1876 — Portrait de l'artiste, riant

Privatbesitz — Auf Leinwand, H. 0,93, B. 0,

Cäsar, mein Überhund

Dog, standing — 1877 — Dogue, debout

Berlin, Kgl. Nationalgalerie — Auf Leinwand, H. 1,17, B. 1,19

Maler Karl Schuch

Charles Schuch — 1876 — Charles Schuch

Privatbesitz

Auf Leinwand, H. 0,51, B. 0,62

Wirtshaus in Weßling

Inn at Weßling — 1876 — Auberge à Weßling

Privatbesitz

Auf Leinwand, H. 0,45, B. 0,54

Wohnzimmer in Weßling

Parlour at Weßling — 1876 — Chambre à Weßling

Hamburg, Kunsthalle

Auf Leinwand, H. 0,45, B. 0,69

Zimmermannsplatz

Carpenter's-yard at Weßling

1876

Chantier à Weßling

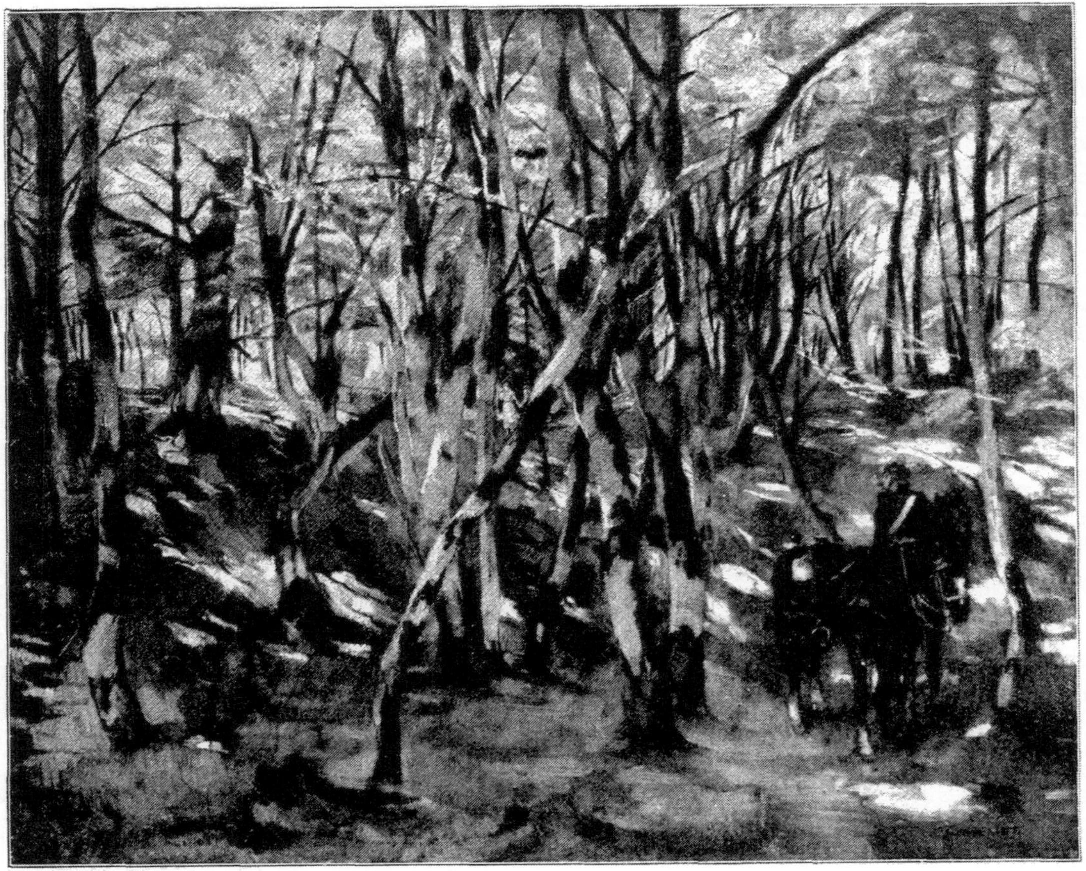

Frankfurt a. M., Sammlung Ullmann — Auf Leinwand

Waldinneres mit Reiterpatrouille

A spot of the interior of a wood — 1876 — Partie de l'intérieur d'une forêt

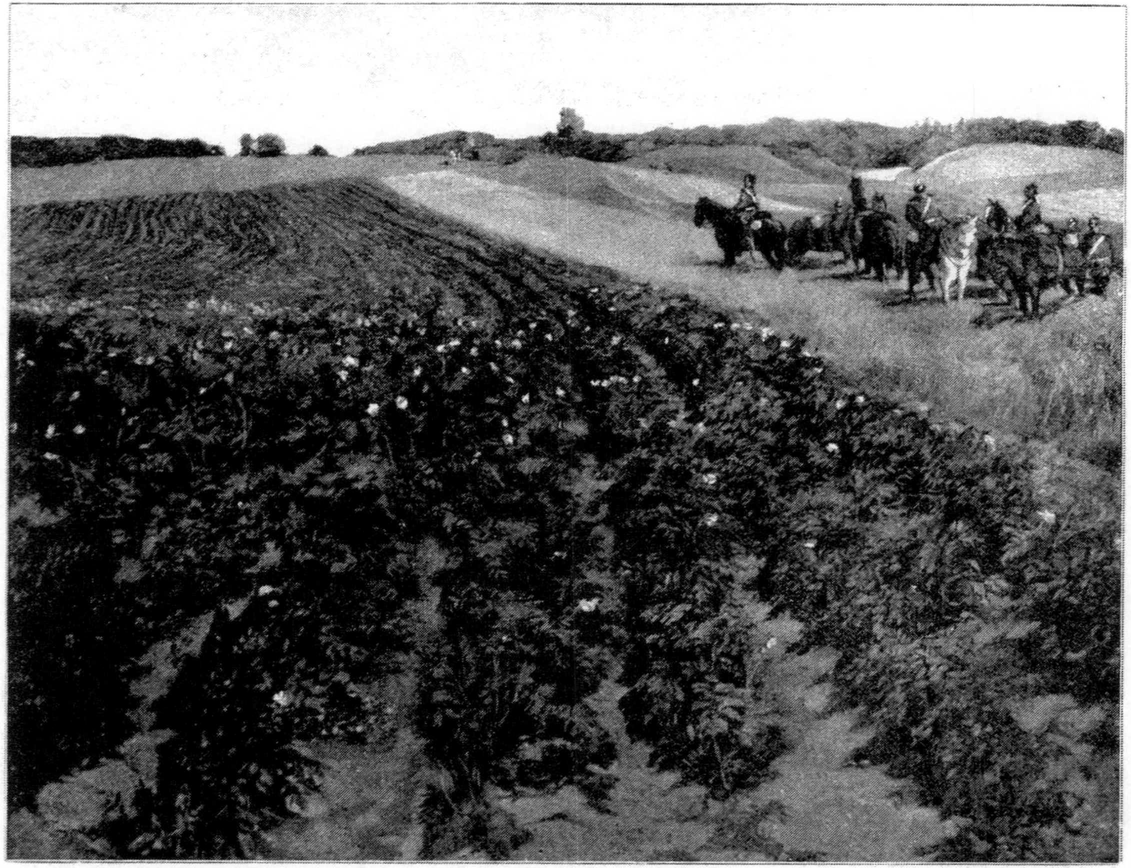

Frankfurt a. M., Sammlung Holzmann

Auf Leinwand, H. 0,61, B. 0,75

Kartoffelacker in Weßling

Potatoe-field at Weßling — 1876 — Champ mis en pommes de terre à Weßling

Frankfurt a. M., Städelsches Kunstinstitut

Auf Leinwand, H. 0,61, B. 0,755

Stoppelfeld in Weßling

1876

Stubble-field at Weßling

Chaume à Weßling

Wien, Moderne Galerie

Auf Leinwand, H. 0,55, B. 0,46

Buchenwald mit Liebespaar

Beech-grove with loving couple — 1876 — Bois de hêtre avec des amants

Privatbesitz

Auf Leinwand, H. 0,52, B. 0,45

Kunstpause

Artistic pause — 1876 — Intermède

Privatbesitz

Auf Leinwand, H. 0,78, B. 0,93

München, Kunsthandlung Caspari — Auf Leinwand, H. 0,22, B. 0,38

Äpfel

Apples — 1876 — Pommes

Blasewitz, Sammlung O. Schmitz — Auf Leinwand, H. 0,43, B. 0,53

Bauernhof in Weßling

Farm at Weßling — 1876 — Ferme à Weßling

München, Sammlung W. Weigand

Auf Leinwand, H. 0,45, B. 0,69

Dogge am Weßlinger See
1876

Dog at Weßling-lake

Dogue au lac de Weßling

Privatbesitz

Auf Leinwand

Selbstbildnis

Portrait of the artist — 1877 — Portrait de l'artiste

München, Kgl. Neue Pinakothek — Auf Leinwand, H. 0,56, B. 0,47

Selbstbildnis

Portrait of the artist — 1876 — Portrait de l'artiste

Berlin, Kunsthandlung Fritz Gurlitt — Auf Leinwand H 0,46 B 0,3

In Bernried

At Bernried — 1876 — A Bernried

Privatbesitz — Auf Holz H 0,28 B 0,36

In der Badehütte

Girl in a bathing hut — 1879 — Fille dans l'etablissement de bain

Mailand, Brera | Auf Leinwand

Modellpause

Interval in the studio | 1876 | Intervalle dans l'atelier

Berlin, Kunsthandlung Haberstock — Auf Leinwand, H. 0,93, B. 0,78

Fräulein W. aus München

Miss W. of Munich — 1877 — Mlle W. de Munic

Privatbesitz — Auf Holz

Rote und weiße Rosen

Red and white roses — 1877 — Roses rouges et blanches

Berlin, Kunsthandlung Haberstock — Auf Leinwand, H. 0,615, B. 0,50

Walzerkomponist Josef Gungl

J. Gungl, composer of waltzes — 1877 — J. Gungl, compositeur de valses

Privatbesitz — Auf Leinwand, H. 0,93, B. 0,78

Gigantenschlacht II

Battle of the Giants II — 1877 — Combat des géants II

Privatbesitz — Auf Holz

Blondine im Profil

A blonde (side-face) — 1878 — Une blondine (profil à gauche)

Karlsruhe, Kunsthalle

Auf Leinwand, H. 0,93, B 0,785

Gigantenschlacht I

Battle of the Giants I

1877

Combat des géants I

Privatbesitz | Auf Holz, H. 0,45, B. 0,37

Ave, Caesar, morituri te salutant
1877

München, Sammlung Carl Bach — Auf Leinwand, H. 0,93, B. 0,78

Kampf der Lapithen und Kentauren

Battle of the Lapithes and Centaurs — 1878 — Combat des Lapides et des Centaures

Hamburg, Kunsthalle — Auf Leinwand, H. 0,54, B. 0,44

Zinnkanne und Äpfel

Apples and tin-pot — 1878 — Pommes et pot d'étain

Elberfeld, Direktor Fries — Auf Holz, H. 0,53, B. 0,41

Rosen und Zinnschüssel

Roses and tin-pot — 1878 — Roses et pot d'étain

Dresden, Sammlung Schmeil — Auf Leinwand, H. 0,745, B. 0,61

Äpfel und Melonen

Apples and melons — 1878 — Pommes et mélons

München, Kgl. Neue Pinakothek

Auf Leinwand, H. 0,61, B. 0,52

Bildhauer Thiele

Sculptor Thiele

1879

Le sculpteur Thiele

Privatbesitz — Auf Leinwand, H. 1,00, B. 0,89

Wilde Jagd

Als Deckenbild in der Verkürzung der Froschperspektive entworfen

The wild chase — 1877 — La chasse volante

Privatbesitz — Auf Leinwand, H. 0,54, B. 0,43

Blondes Mädchen mit blauem Kleid

A blonde in blue coat — 1877 — Une blonde en robe bleue

Privatbesitz — Auf Holz

Alpenrosen und Edelweiß

Rhododendron and Edelweis — 1882 — Rhododendron et Edelweis

Karlsruhe, Sammlung K. Malsch — Auf Leinwand, H. 1,10, B. 0,96

Kreuzigung

Crucifixion of Christ — 1878 — La crucifixion de Jésus Christ

München, Kgl. Neue Pinakothek

Auf Leinwand, H. 1,10, B. 0,95

Cäsar, mein Überhund
1878

Caesar, my superdog

César, ma surdogue

Blasewitz, Sammlung O. Schmitz — Auf Leinwand, H. 0,91, B. 0,60

Mädchen mit gefalteten Händen

A girl with folded hands — 1878 — Jeune fille aux mains jointes

Danzig, Stadtmuseum

Auf Leinwand, H. 0,535, B. 0,42

Bildnis der Frau M. Neal

1878

Portrait of Mrs. Neal

Portrait de Mme Neal

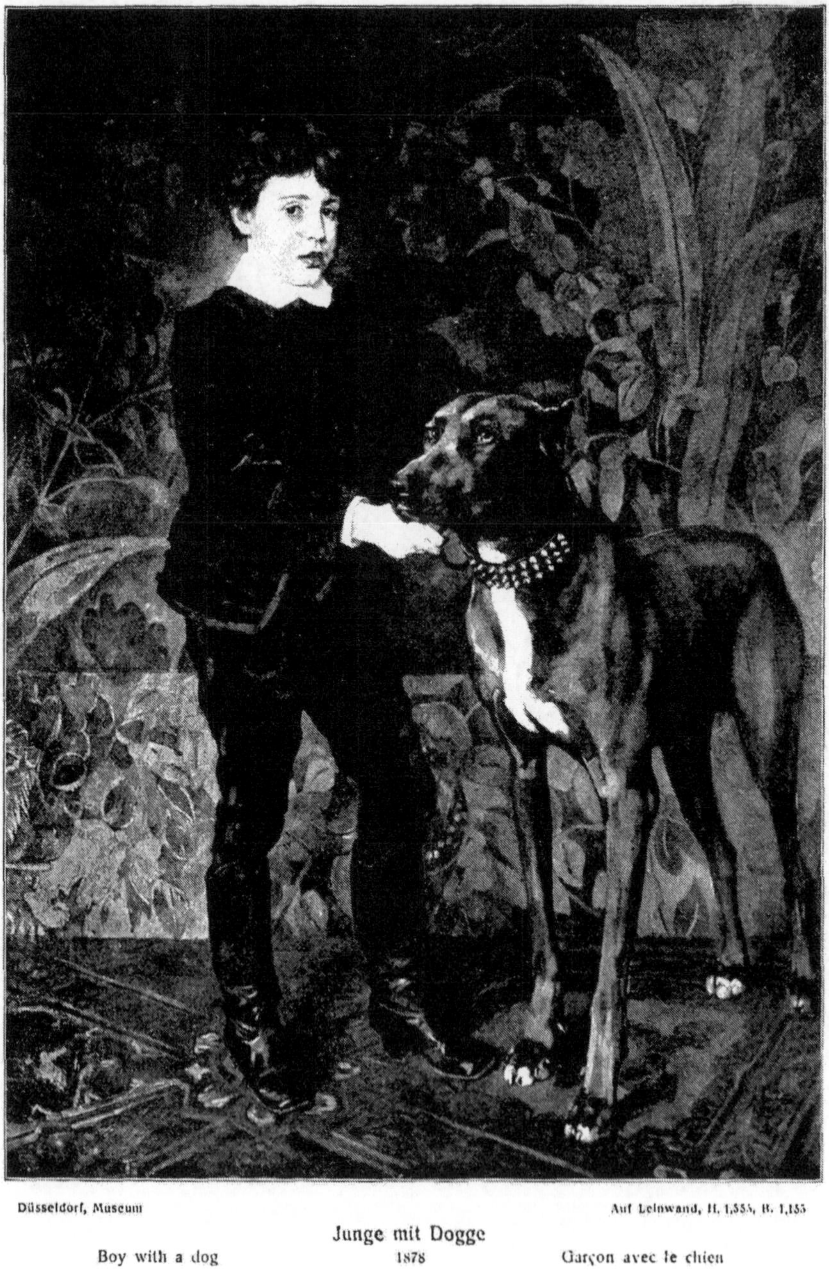

Düsseldorf, Museum — Auf Leinwand, H. 1,555, B. 1,155

Junge mit Dogge

Boy with a dog — 1878 — Garçon avec le chien

Wiesbaden, Sammlung Pagenstecher — Auf Leinwand, H. 0,69, B. 0,55

Selbstbildnis

Portrait of the artist — 1876 — Portrait de l'artiste

Wiesbaden, Sammlung Pagenstecher — Auf Leinwand, H. 0,62, B. 0,44

Selbstbildnis (nach links)

Portrait of the artist — 1878 — Portrait de l'artiste

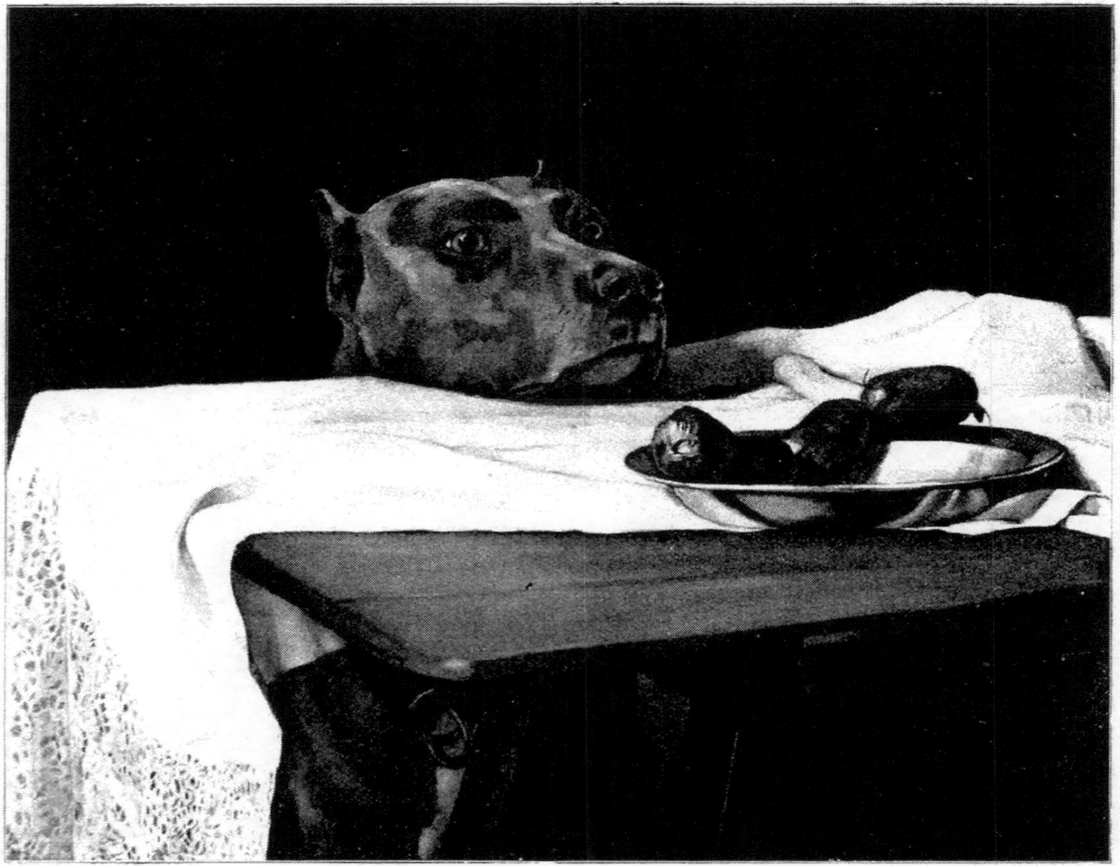

Karlsruhe, Kunsthalle

Auf Leinwand, H. 0,51, B. 0,63

Cäsar am Rubicon

1878

Caesar on the Rubicon

César au Rubicon

Privatbesitz

Auf Leinwand, H. 0,53, B. 0,65

Kircheninneres

Interior of a church 1882 L'intérieur d'une église

Halle a. S., Städtisches Museum

Auf Leinwand, H. 0,50, B. 0,62

Tilly während der Schlacht bei Wimpfen (Skizze)

Tilly during the battle of Wimpfen 1882 Tilly pendant la bataille de Wimpfen

Köln, Museum Wallraf-Richartz

Auf Leinwand, H. 0,62, B. 0,50

Kentauren I

Centaurs I

1878

Centaures I

Privatbesitz — Auf Leinwand, H. 1,48, B. 0,94

Adelheid und Franz, aus Götz von Berlichingen (I)

Adelheid and Francis (I) 1882 Adèle et François (I)

Privatbesitz — Auf Leinwand, H. 0,73, B. 0,60

Adelheid und Franz (II)

Adelheid and Franz (II) 1882 Adèle et François (II)

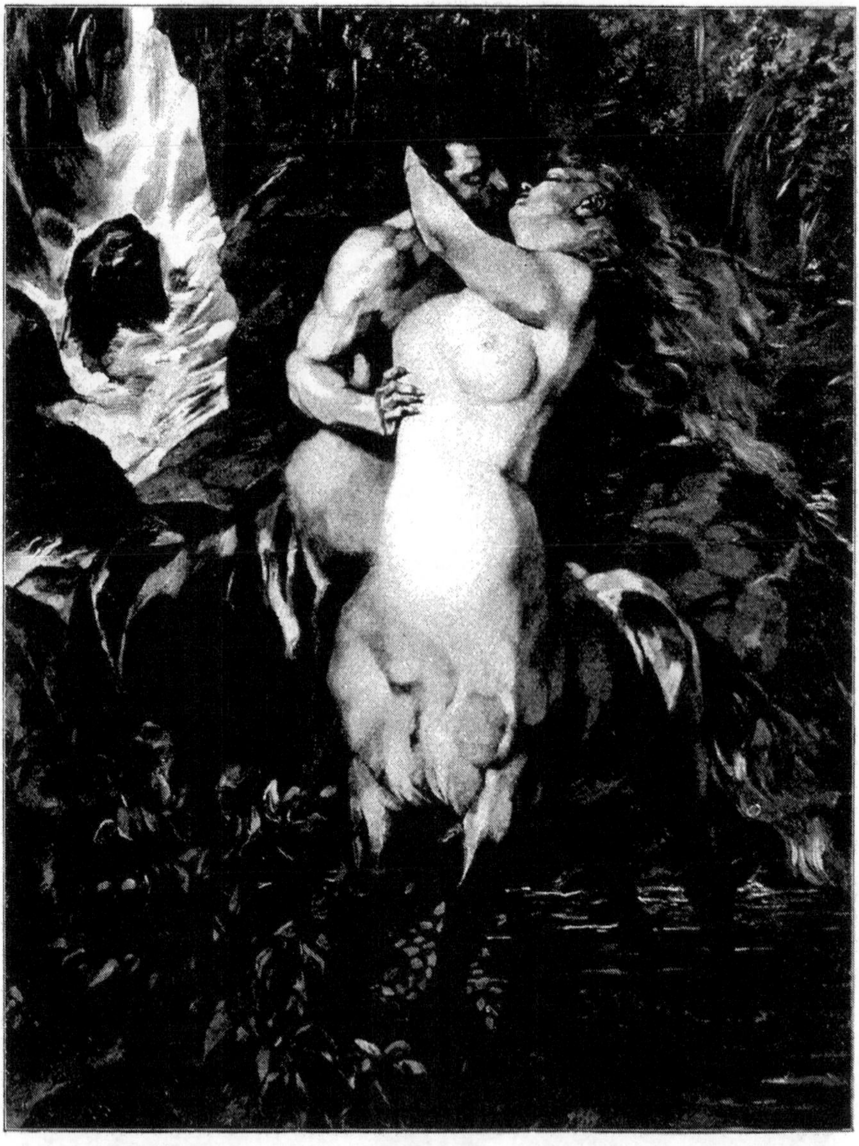

Berlin, Kunsthandlung Haberstock | Auf Leinwand, H. 0,62, B. 0,50

Kentauren

Centaurs II | 1878 | Centaures II

Privatbesitz Auf Leinwand

Mars und Venus, von den Göttern überrascht

Mars et Venus surprised by the Gods 1880 Mars et Vénus surpris par les Dieux

Reichenberg i. B., Baron Schönherr Auf

Leichte Kavallerie

Light cavalry 1876 Chevau-leger

Privatbesitz

Auf Leinwand, H 0,54, B. 0,45

Kentauren III

Centaurs III

1878

Centaures III

Frankfurt a. M., Städelsches Kunstinstitut

Auf Leinwand, H. 0,54, B. 0,45

Kentauren IV

1878

Centaurs IV

Centaures IV

Frankfurt a. M., Sammlung S. Ravenstein — Auf Leinwand, H. 0,89, B. 1,3

Tilly reitet während der Schlacht bei Wimpfen in die Dominikanerkirche, um für den glücklichen Ausgang der Schlacht den Segen des Himmels zu erbitten

Tilly during the battle of Wimpfen — 1883 — Tilly pendant la bataille de Wimpfen

Privatbesitz

Auf Leinwand, H. 0,45, B. 0,53

Gemüsestilleben

1880

Vegetables

Légumes

Wiesbaden, Sammlung Pagenstecher

Auf Leinwand, H. 1,33, B. 2,13

Dantes Hölle, 5. Gesang

Dante's Hell, Canto V

1880

L'enfer par Dante, Chant V

Privatbesitz — Auf Leinwand, H. 1,09, B. 0,78

Balleteuse Fräulein E.

Miss E. — 1881 — Mlle E.

Berlin, Kunsthandlung Haberstock — Auf Leinwand

Varietékünstlerin A. in Trikottaille

Girl with a tricot-bodice — 1883 — Fille au corsage tricot

Privatbesitz — Auf Leinwand, H. 0,68, B. 0,49

Statistin Toni Reisser

Miss Toni R. — 1882 — Mlle Toni R.

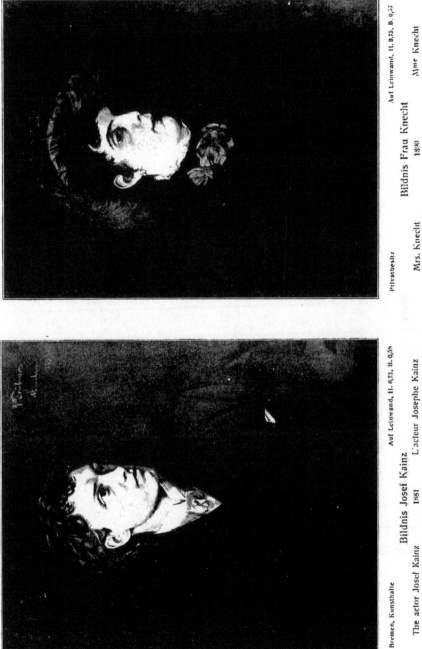

Bremen, Kunsthalle — Auf Leinwand, H. 0,73, B. 0,59

Bildnis Josef Kainz

The actor Josef Kainz — 1881 — L'acteur Josephe Kainz

Privatbesitz — Auf Leinwand, H. 0,75, B. 0,57

Bildnis Frau Knecht

Mrs. Knecht — 1890 — Mme Knecht

Privatbesitz

Auf Leinwand, H. 0,75, B. 0,61

Opernsängerin Pauline Cramer

Opera singer P. Cramer — 1883 — Chanteuse de l'opera P. Cramer

Berlin, Kunsthandlung Haberstock — Auf Leinwand H 0,80 B 0,60

Statistin mit rotem Kleid

Girl in red dress — 1879 — Fille à la robe rouge

Privatbesitz — Auf Leinwand

Statistin mit Haarpfeil

Girl with hair pin — 1879 — Fille à la flèche

Privatbesitz — Auf Leinwand

Gefangennahme des Gegenkaisers Friedrich des Schönen in der Schlacht bei Ampfing

Battle of Ampfing — 1879 — La bataille d'Ampfing

Privatbesitz

Auf Leinwand, H. 0,47, B. 1,03

Amazonenschlacht (Skizze)

1880

Battle of Amazons, sketch

La bataille des Amazones, esquisse

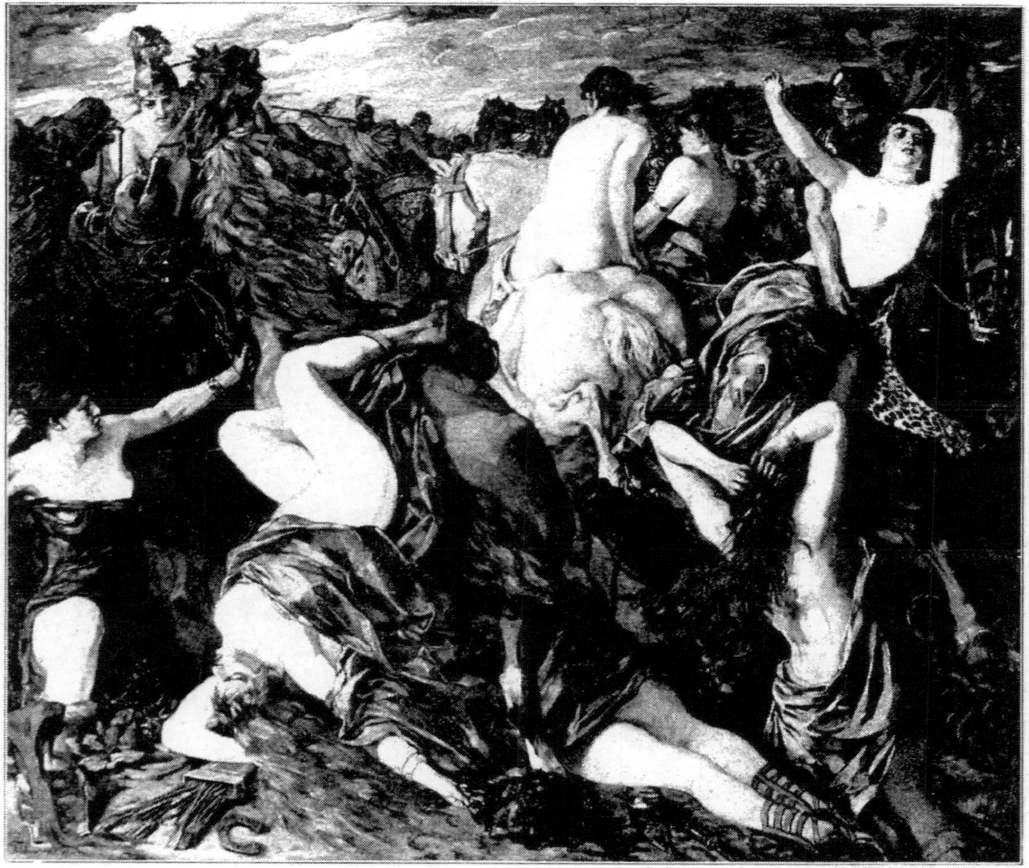

Privatbesitz

Auf Leinwand, H. 0,90, B. 1,01

Amazonenschlacht

1880

Battle of Amazons

La bataille des Amazones

Mainz, Dr. Guthmann — Auf Holz H 0,48 B 0,38

Sein oder Nichtsein

To be or not to be — 1877 — Être ou ne pas être

Privatbesitz — Auf Leinwand

Schneidig

Smart (a shoemaker's prentice boy) — 1880 — Énergique (garçon cordonnier)

Frankfurt a. M., Sammlung Martin Flersheim | Auf Leinwand

Vortrupp beim Aufziehen der Wachtparade in München

Parade of the soldiers on guard at Munich — 1881 — Garde montante à Munic

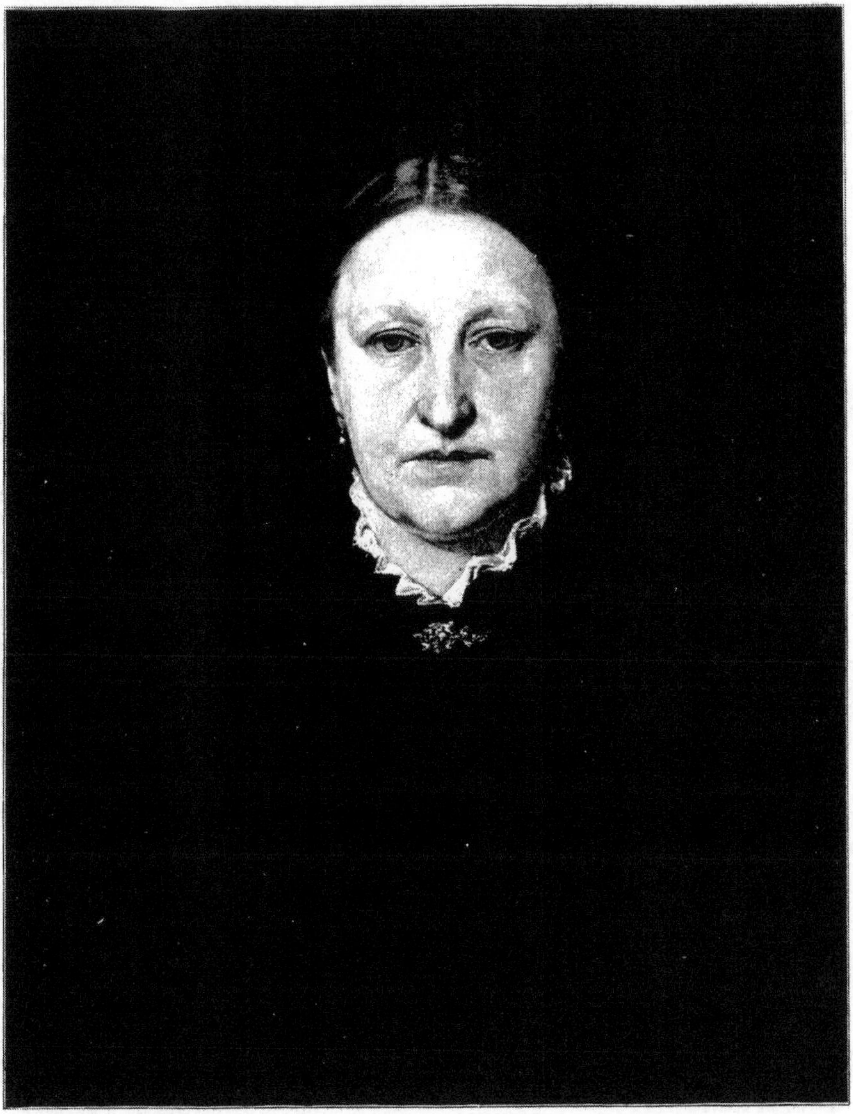

Im Besitz des Künstlers Auf Leinwand, H. 0,615, B. 0,500

Frau Anna Trübner, Mutter des Künstlers

Portrait of my mother 1881 Portrait de ma mère

Im Besitz des Künstlers — Auf Leinwand, H. 0,555, B. 0,460

Stadtrat Georg Trübner, Vater des Künstlers

Portrait of my father — 1884 — Portrait de mon père

Privatbesitz — Auf Leinwand, H. 0,985, B. 0,780

Lady Macbeth nachtwandelnd, die vermeintlich blutige Hand versteckend

Lady Macbeth — 1882 — Lady Macbeth

Privatbesitz — Auf Leinwand, H. 1,08, B. 0,94

Lady Macbeth, 5. Akt, 1. Szene

Lady Macbeth, act V, scene 1 — 1882 — Lady Macbeth, acte Vième, sc. Ière

Privatbesitz

Auf Leinwand

Haupt Graf zu Pappenheim in kgl. bayrischer Pagenuniform

Haupt Count zu Pappenheim as a page 1884 Haupt Comte zu Pappenheim comme page

Privatbesitz

Auf Leinwand, H. 0,53, B. 0,44

Amazone

Amazon

1886

Amazone

Privatbesitz

Auf Leinwand, H. 0,64, B. 0,48

Ludgate Hill, Straßenbild in London

Ludgate Hill, London — 1884 — Ludgate Hill, Londres

Im Besitz des Künstlers — Auf Leinwand, H. 0,76, B. 0,62

Lina Trübner, Kusine des Künstlers

Miss Lina Trübner, the artist's cousin — 1884 — Mlle Lina Trübner, cousine de l'artiste

Frankfurt a. M., Frau von Schauroth — Auf Holz, H. 0,41, B. 0,30

Dirnitz in Seefeld

Fore-room at Seefeld — 1885 — Antichambre à Seefeld

Privatbesitz — Auf Leinwand

Einjähriger Heubach, schwerer Reiter

Portrait of the one-year volunteer Heubach — 1891 — Portrait du volontariat d'un an cuirassé Heubach

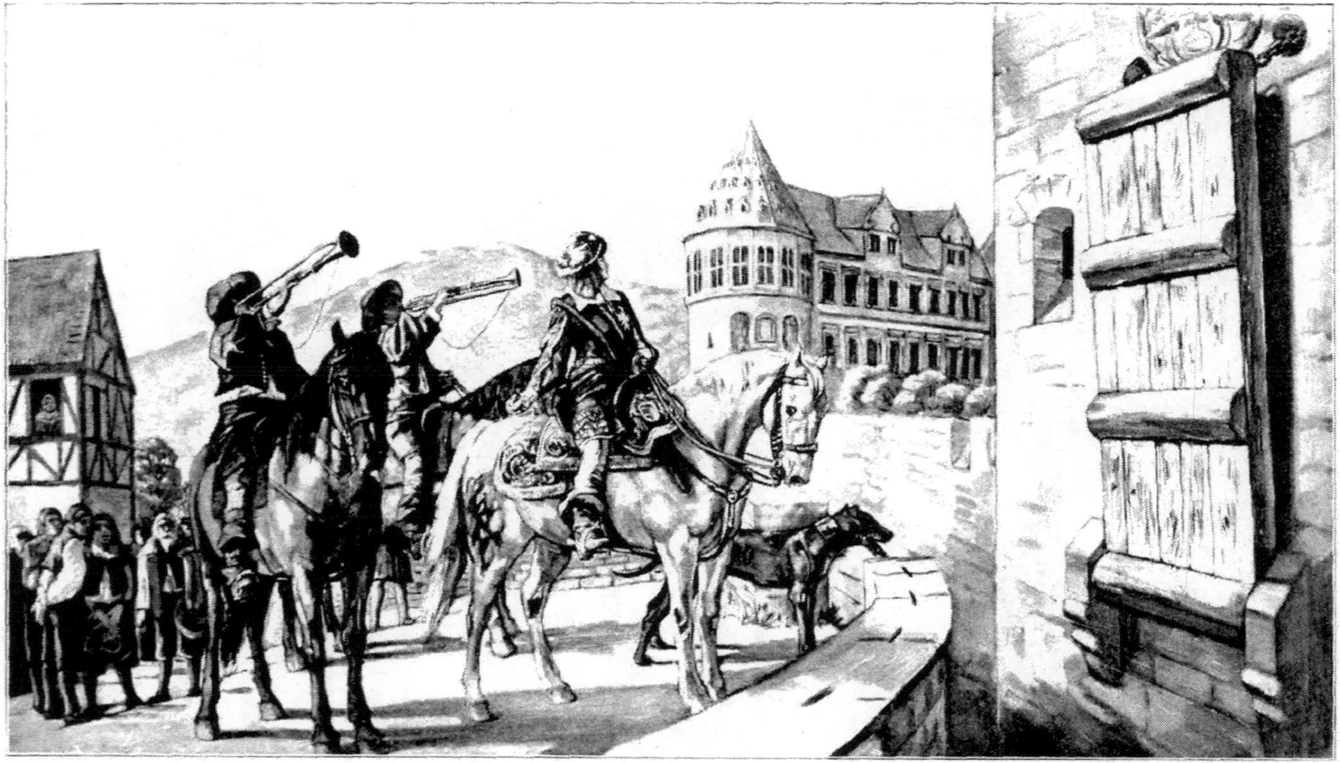

Worms, Justizrat Flein

Auf Leinwand, H. 0,37, B. 0,63

Prinz Ruprecht von der Pfalz, abgewiesen vor dem Stammschloß

Prince Rupert of the Rhine entrance refused to the castle of his ancestors

(Siehe Häusser, Pfälz. Gesch., Bd. II, S. 511 u. 643)

1886

Prince Robert du Palatinat refusé devant son manoir de famille à Heidelberg

Worms, Sammlung v. Heyl

Auf Pappe

Heidelberg mit durchbrechender Sonne

Heidelberg with sunbeams

1889

Heidelberg aux rayons de soleil

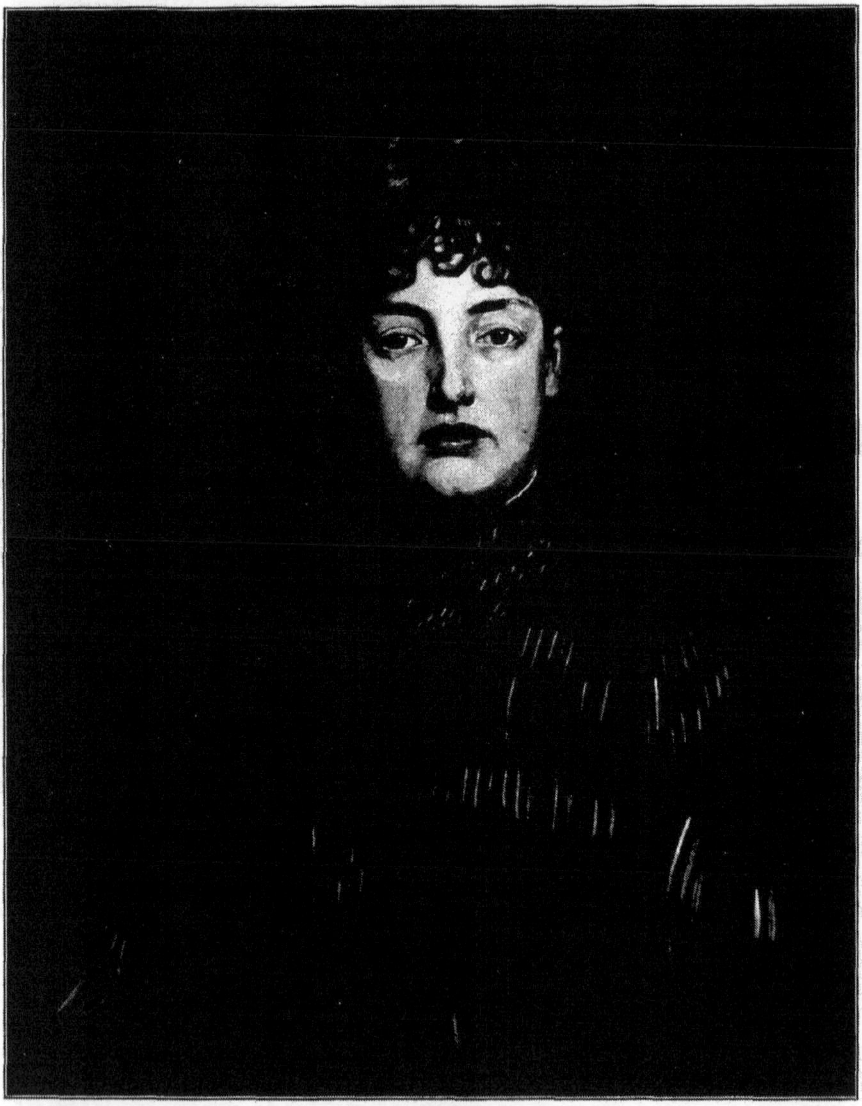

Privatbesitz

Auf Leinwand, H. 0,75, B. 0,60

Bildnis Fräulein L. N.

Portrait of Miss L. N. — 1889 — Portrait de Mlle L. N.

Privatbesitz — Auf Leinwand, H. 0,52, B. 0,68

Asinus juniperus communis in zwei verschiedenen Stellungen

An ass in two different positions — 1890 — Deux études d'une âne

Privatbesitz

Auf Leinwand, H. 3,22, B. 2,30

Prometheus (I) beklagt von den Okeaniden

Prometheus (I) and Oceanids — 1888 — Prométhée (I) et les Océanides

Wiesbaden, Sammlung Pagenstecher
Auf Leinwand, H. 0,90, B. 0,50

Prometheus (III)

Frankfurt a. M., Sammlung S. Ravenstein
Auf Leinwand, H. 0,90, B. 0,50

Prometheus (IV)

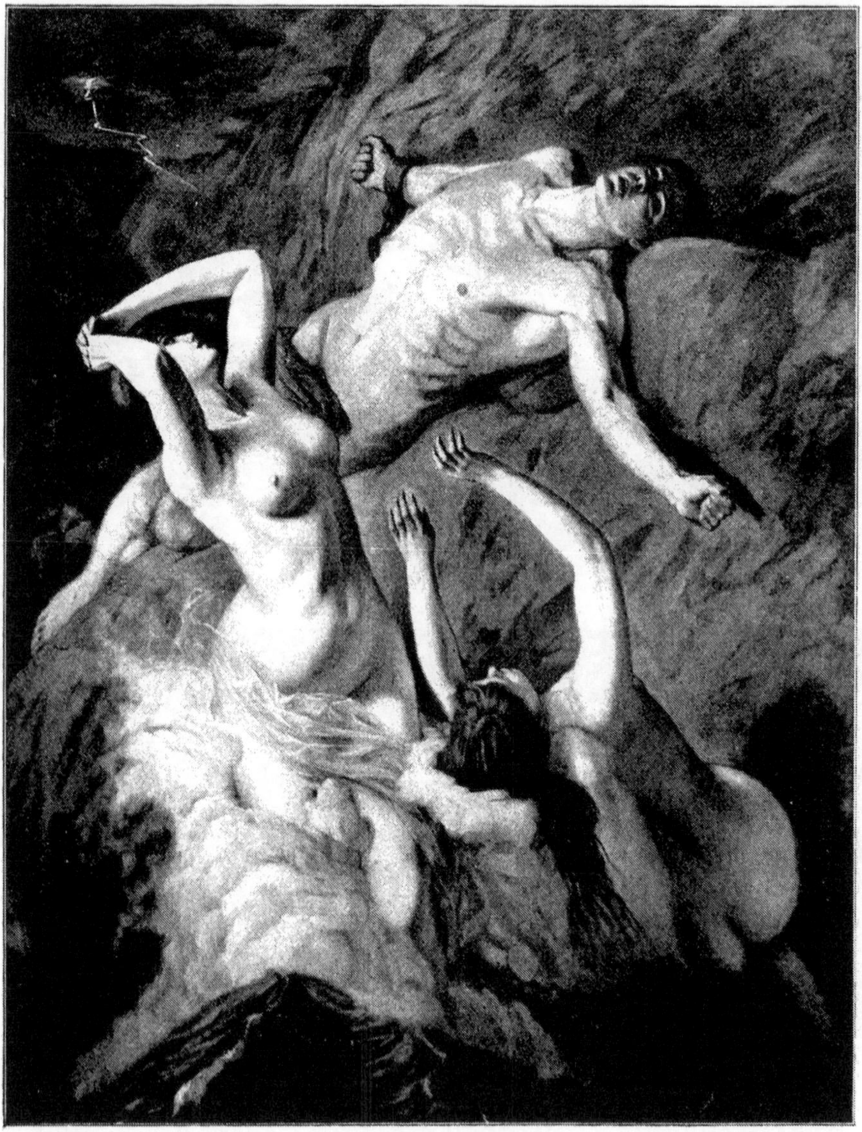

Privatbesitz — Auf Leinwand, H. 2,11, B. 1,91

Prometheus (II)

Prometheus (II) — 1888 — Promethée (II)

Privatbesitz — Auf Leinwand

Junges Mädchen in braunem Kleid

Girl with fringes — 1888 — Jeune fille aux franges

Privatbesitz — Auf Leinwand H 0,91 B 0,7

Ateliermodelle

Studio models — 1888 — Modèles d'atelier

Privatbesitz

Heidelberg in Novemberstimmung

1889

Auf Leinwand, H. 0,49, B. 0,67

Heidelberg in time of autumn

Heidelberg en aspect automnal

Karlsruhe, Kunsthalle

Auf Leinwand, H. 0,92, B. 0,79

Bierbrauer Eisenhart, genannt „Der Mächer"

Portrait of the brewer Eisenhart 1890 Portrait du brasseur Eisenhart

Privatbesitz

Auf Leinwand, H. 0,48, B. 0,68

Heidelberg, Gewitterstimmung

1889

Heidelberg, sultriness

Heidelberg, air gros d'orage

Privatbesitz

Auf Leinwand, H. 0,76, B. 0,62

Hauptmann a. D. Pfeiffer

Mr. Pfeiffer, captain on half-pay

1890

Le capitaine en retraite Pfeiffer

Wiesbaden, Sammlung Kirchhoff | Auf Leinwand, H. 0,49, B. 0,67

Heidelberg, Schloßberg

1889

Castle-hill at Heidelberg

La hauteur couronnée du château de Heidelberg

Im Besitz des Künstlers | Auf Leinwand, H. 0,72, B. 0,54

Magdalene Trübner, Tante des Künstlers

Portrait of the artist's aunt | 1890 | Portrait de la tante de l'artiste

Im Besitz des Künstlers — Auf Leinwand, H. 0,72, B. 0,54

Kommerzienrat Dr. Karl Trübner, Bruder des Künstlers

Charles Trübner, the artist's brother — 1890 — Charles Trübner, frère de l'artiste

Privatbesitz

Auf Pappe, H. 0,57, B. 0,75

Heidelberg, Kastanienwald

1889

Chestnut-grove, Heidelberg

Châtaignerie à Heidelberg

Privatbesitz

Auf Papier, Kohlezeichnung

Entwurf zu einem Denkmal Kaiser Wilhelms des Großen, die Wiederaufrichtung des deutschen Kaiserreiches nach dem Kriege 1870/71 darstellend, mit Beziehung zur Kyffhäusersage; die Kandelaber aus erbeuteten altfranzösischen Kanonen, die von den deutschen Wappenhaltern getragen sind

(Dieser Entwurf wäre auch als Tafelaufsatz in Silber ausführbar)

Privatbesitz | Auf Leinwand

Frau Dr. Passet

Mrs. Passet | 1893 | Mme Passet

Privatbesitz

Auf Leinwand, H. 0,80, B. 0,61

Schottenjunge im Gesellschaftsanzug

Portrait of a Scotch boy in evening-dress

1891

Portrait d'un garçon écossais en vêtement de cérémonie

Frankfurt a. M., Sammlung Rich. Nestle — Auf Holz

Fräulein v. R.

Miss v. R. — 1893 — Mlle v. R.

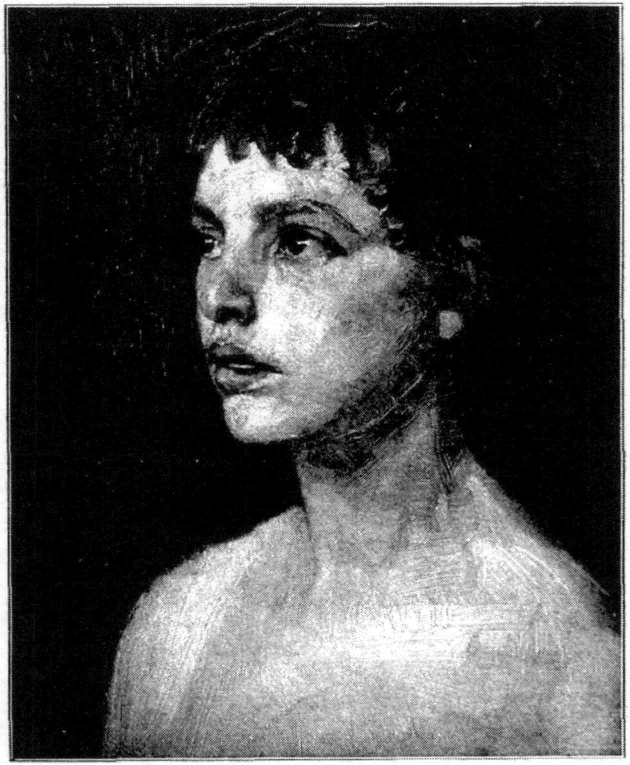

Frankfurt a. M., Sammlung Rich. Nestle — Auf Holz

Fräulein H.

Miss H. — 1893 — Mlle H.

Magdeburg, Kaiser-Friedrich-Museum

Auf Leinwand, H. 0,76, B. 0,52

Schottenjunge im Straßenanzug

Portrait of a Scotch boy in kilt

1891

Portrait d'un jeune garçon écossais en vêtement de ville

München, Kunsthandlung Hermes — Auf Leinwand, H. 0,62, B. 0,76

Gebirgsbach bei Prien
1891

A torrent at Prien — Ruisseau de montagne à Prien

Berlin, Kunsthandlung Haberstock

Auf Leinwand, H. 1,02, B. 0,80

Bildnis der Mrs. Crawley

Mrs. Crawley 1891 Mme Crawley

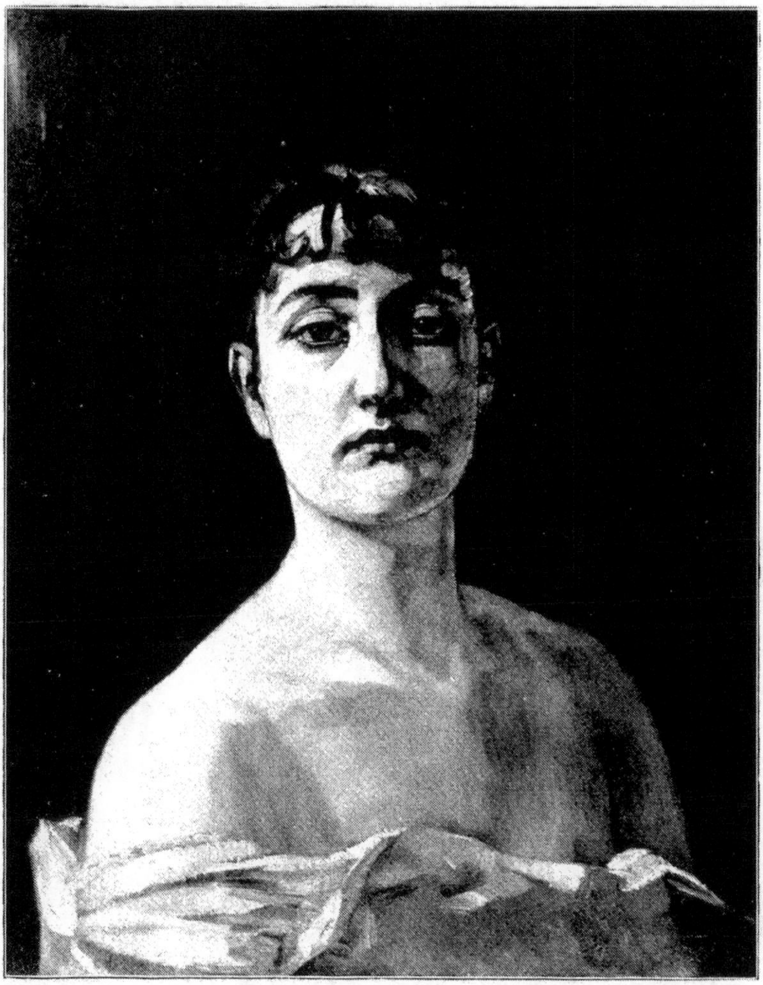

Privatbesitz

Auf Leinwand

Bildnis Stasi

Portrait Stasi 1894 Portrait Stasi

München, Kunsthandlung Hermes — Auf Leinwand, H. 1,10, B. 0,96

Bildnis einer polnischen Dame, Fräulein v. R.

Portrait of a Polish lady, Miss v. R. — 1888 — Portrait d'une dame polonaise, Mademoiselle v. R.

Privatbesitz

Auf Leinwand, H. 0,62, B. 0,48

München, Direktor des Kupferstichkabinets Wilhelm Schmidt

Auf Lei

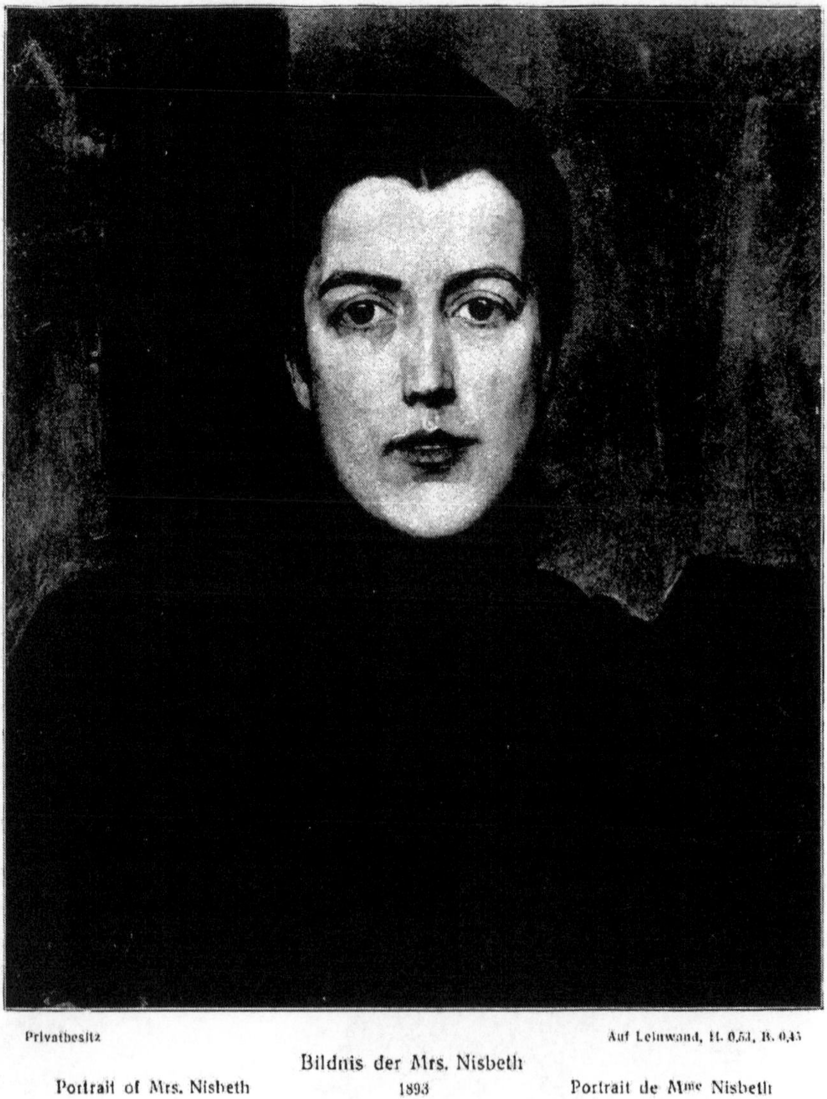

Privatbesitz — Auf Leinwand, H. 0,53, B. 0,45

Bildnis der Mrs. Nisbeth

Portrait of Mrs. Nisbeth — 1893 — Portrait de Mme Nisbeth

Wiesbaden, Sammlung Frau Albert — Auf Leinwand, H. 0,62, B. 0,78

Klosterhof Fraueninsel in Chiemsee

Cloister-yard in the isle of Nuns at Chiemsee — 1891 — Cour du cloître à l'île des Religieuses, Chiemsee

Wiesbaden, Sammlung Frau Albert — Auf Leinwand, H. 0,62, B. 0,76

Fraueninsel mit Kirchturm in Chiemsee

Isle of Nuns with the church-tower — 1891 — Ile des Religieuses avec le clocher

Bremen, Sammlung Biermann — Auf Leinwand, H. 0,115, B. 0,64

Torbogen auf der Fraueninsel in Chiemsee

Isle of Nuns, gate-vault — 1891 — Porte en voûte, ile de Religieuses

Berlin, Sammlung Nabel | Auf Leinwand, H. 0,48, B. 0,65

Wirtshaus auf der Fraueninsel (Landschaft mit Fahnenstange)

Landscape with the flagstaff | 1891 | Paysage avec le fût d'étendard

Privatbesitz — Auf Leinwand

Mädchen mit blauer Schürze

Girl with blue apron 1891 Fille au tablier bleu

Breslau, Schlesisches Museum — Auf Leinwand, H. 1,38, B. 0,88

Miß Gieske

Miss Gieske 1894 Mlle Gieske

München, Kunsthandlung Gaspari | Auf Leinwand, H. 0,60, B. 0,53

Klosterwiese auf der Fraueninsel in Chiemsee

Cloister in the Isle of Nuns with a meadow in front

1891

Convent des Religieuses à Chiem avec une prairie de devant

Privatbesitz — Auf Leinwand

Kapellmeister Carl Maria Schmidt

Charles M. Schmidt — 1892 — Charles Marie Schmidt

Privatbesitz — Auf Pappe, H. 0,78, B. 0,59

Prozession im Kreuzgang in Seeon

Procession with the cross at Seeon — 1892 — Procession à Seeon

Privatbesitz | Auf Leinwand, H. 0,62, B. 0,76

Klostermauer Frauenchiemsee

Convent-wall Frauenchiemsee | 1891 | Mur du couvent, ile des Religieuses

Frankfurt a. M., Städelsches Kunstinstitut

Auf Leinwand, H. 0,62, B. 0,76

Klosterbrauerei Seeon

Convent-brewery at Seeon

1892

Brasserie du couvent à Seeon

Frankfurt a. M., Städelsches Kunstinstitut

Auf Leinwand, H. 0,62, B. 0,76

Kloster Seeon

Cloister Seeon

1892

Couvent à Seeon

Wiesbaden, Sammlung Kirchhoff | Auf Leinwand, H. 0,62, B. 0,77

Ansicht von Seeon
1892

View of Seeon | Vue de Seeon

Privatbesitz | Auf Leinwand, H. 0,52, B. 0,65

Waldrand bei Obing
1892

Skirts at Obing | Lisière près d'Obing

Wiesbaden, Sammlung Pagenstecher — Auf Leinwand, H. 0,62, B. 0,76

Seeon mit Telegraphenstange

Cloister Seeon with the telegraphic pole — 1892 — Couvent à Seeon avec poteau télégraphique

Privatbesitz

Auf Leinwand, H. 0,92, B. 0,78

Miß Gieske

Miss Gieske 1894 Mlle Gieske

Berlin, Sammlung Arnhold

Auf Leinwand, H. 0,48, B. 0,62

Klostergarten in Seeon

1892

Convent-garden at Seeon

Jardin du couvent à Seeon

Privatbesitz — Auf Pappe, H. 0,74, B. 0,60

Schimmel

White horse — 1894 — Cheval blanc

Privatbesitz — Auf Leinwand, H. 0,65,

Kirche in Seeon

Church at Seeon — 1892 — Eglise à Seeon

Frankfurt a. M., Sammlung Nathan | Auf Leinwand, H. 0,78, B. 0,92

Aussicht auf Kloster Seeon

View toward Seeon | 1892 | En pointe de vue de Seeon

Privatbesitz

Auf Leinwand, H. 0,92, B. 0,78

Professor Dr. Weltrich

Portrait of Dr. Weltrich — 1893 — Portrait du professeur Dr. Weltrich

Posen, Museum

Auf Leinwand, H. 0,92, B. 0,78

Frau Dr. Falkenheim
1893

Portrait of Mrs. Falkenheim

Portrait de Mme Falkenheim

Reichenberg i. Böhmen, Museum

Auf Leinwand, H. 0,62, B. 0,51

Kind mit Muff

Child with muff

1892

Enfant avec manchon

Hamburg, Kunsthalle

Auf Pappe, H. 0,59, B. 0,79

Kloster Seeon in Oberbayern

Cloister Seeon

1902

Couvent à Seeon

Privatbesitz

Auf Leinwand, H. 0,62, B. 0,76

Maisfeld

Turkey corn

1894

Blé de Turquie

Posen, Museum — Auf Leinwand, H. 0,77, B. 0,91

Ermatingen am Bodensee und Insel Reichenau

Ermatingen on the Bodensee and the isle of Reichenau — 1894 — Ermatingen sur le lac de Constance et l'île de Reichenau

Berlin, Kunsthandlung Haberstock — Auf Leinwand, H. 0,62, B. 0,76

Aussicht auf dem Plättig

View from the Plaettig — 1895 — Vue du Plaettig

Privatbesitz — Auf Leinwand, H. 0,78, B. 0,92

Ermatingen am Bodensee und Insel Reichenau

Ermatingen on the Bodensee — 1894 — Ermatingen sur le lac de Constance

Mainz, Sammlung Panizza | Auf Leinwand, H. 0,62, B. 0,76

Auf dem Plättig im Schwarzwald

1895

Plaettig in the Black-Forest

Plaettig dans la Forêt-Noire

Privatbesitz

Auf Leinwand, H. 0,61, B. 0,75

Wolfsberg am Bodensee

Wolfsberg on the Bodensee

1894

Wolfsberg sur le lac de Constance

München, Kunsthandlung Helbing

Auf Leinwand

In Arkadien

In Arcadia

1895

En Arcadie

Privatbesitz

Auf Pappe, H. 0,75, B. 0,60

Schimmel

White horse 1894 Cheval blanc

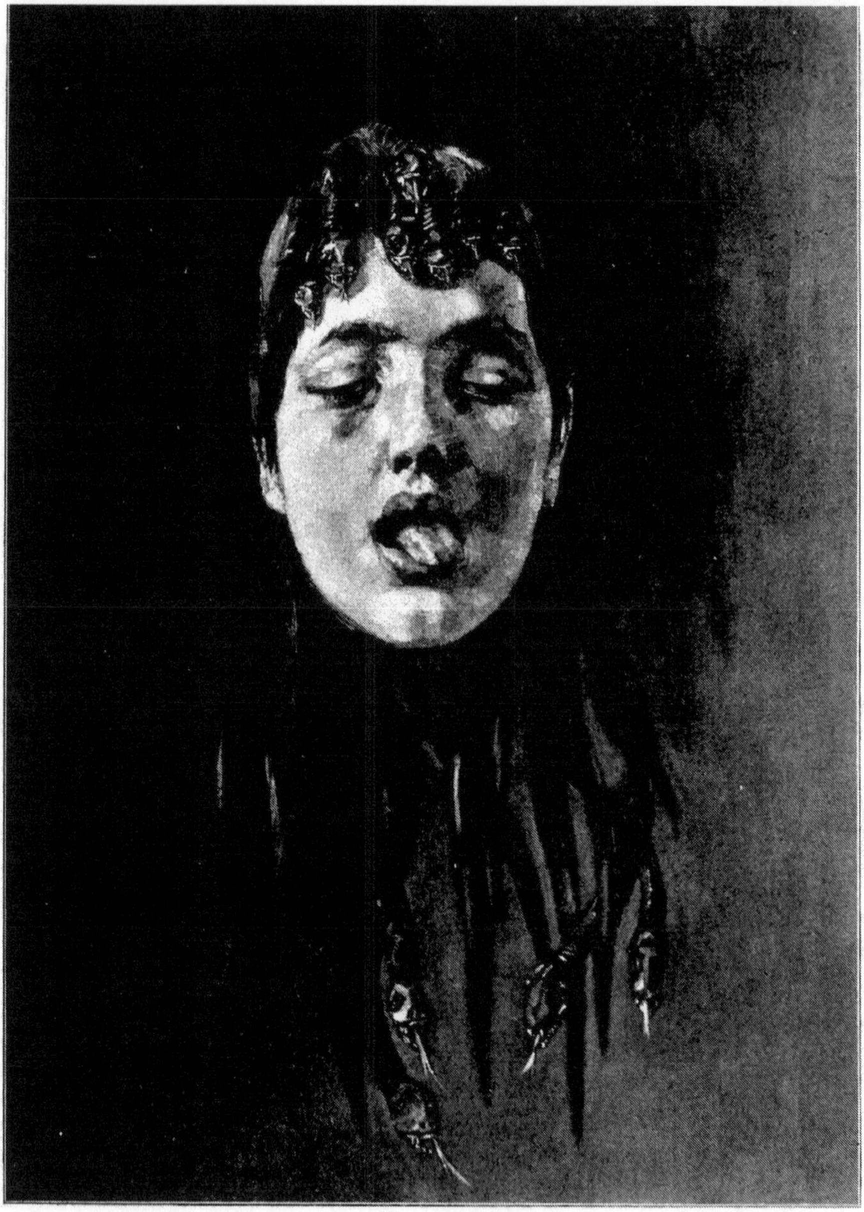

Privatbesitz

Auf Pappe, H. 0,67, B. 0,45

Gorgonenhaupt

Gorgon's head

1895

Tête de Gorgone

Privatbesitz

Auf Leinwand, H. 0,54, B. 0,44

Rosen auf blauweißem Tischtuch

Roses on a blue and white cloth (still-life)

1896

Roses sur un drap bleu et blanc (nature morte)

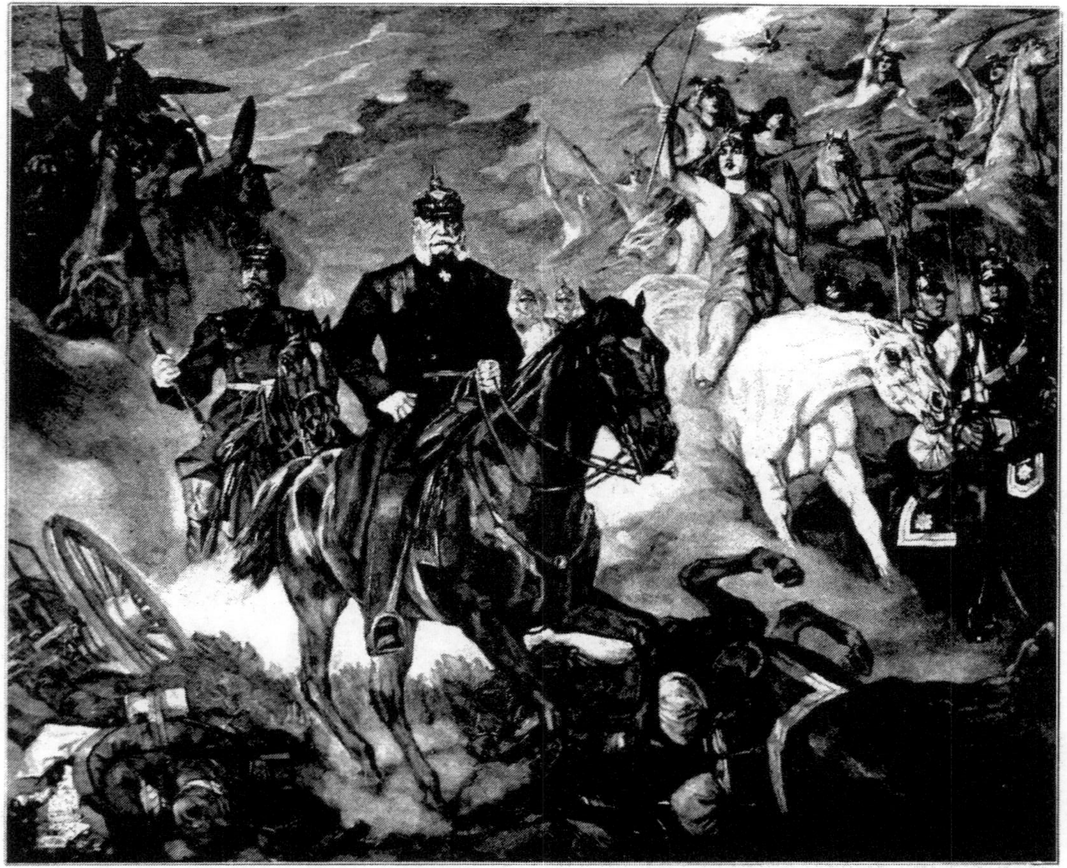

Privatbesitz — Auf Leinwand, H. 0,78, B. 0,92

Kaiser Wilhelm I., auf dem Schlachtfeld von Walküren begrüßt

Privatbesitz Auf Leinwand

Fräulein Jung

Miss Jung 1898 Mlle Jung

Privatbesitz Auf Leinwand

Fräulein Anna Pabst

Miss Annie Pabst 1897 Mlle Anne Pabst

Frankfurt a. M., Städelsches Kunstinstitut

Auf Leinwand, H. 0,62, B. 0,76

Cronberg im Taunus
1896

Cronberg in the Taunus

Cronberg dans le Taunus

Privatbesitz — Auf Leinwand, H. 0,62, B. 0,77

Cronberg, auf dem Wege nach Königstein

Cronberg, seen from the way at Koenigstein — 1896 — Cronberg, vu du chemin de Koenigstein

Privatbesitz

Auf Leinwand, H. 0,62, B. 0,76

Cronberg, auf dem Wege nach Crontal

Privatbesitz Auf Pappe, H. 1,02, B. 0,54

Salome
Salome 1898 Salomée

Privatbesitz — Auf Pappe, H. 0,72, B. 0,4[illegible]

Adam und Eva

Adam and Eve — 1898 — Adam et Ève

Privatbesitz | Auf Pappe

Bacchantin

Undraped figure lying on the back. — Bacchanal | 1899 | Etude, couchée sur le dos. — Bacchante

Privatbesitz

Auf Pappe, H. 0,73, B. 0,50

Susanna im Bade

Susanna in the bath — 1898 — Suzanne au bain

München, Kunsthandlung Helbing — Auf Pappe, H. 0,83, B. 0,50

Pomona

Pomona — 1899 — Pomone

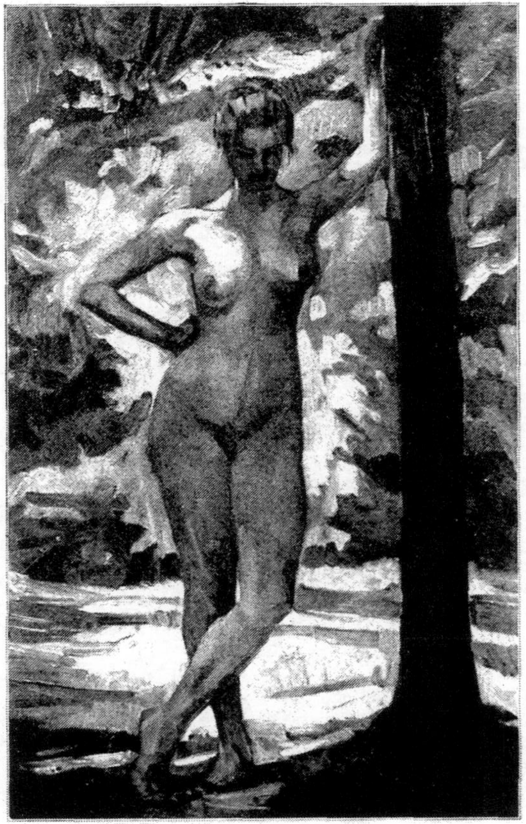

Privatbesitz — Auf Pappe, H. 0,85, B. 0,51

Wildwaldweibchen

Dryad II — 1899 — Dryade II

Privatbesitz

Auf Pappe, H. 0,84, B. 0,51

Meditation

Meditation

1899

Méditation

Privatbesitz — Auf Leinwand, H. 0,51, B. 0,42

Max Höpfner

Mr. Max Hoepfner — 1898 — Mr. Max Hoepfner

Privatbesitz — Auf Leinwand, H. 0,53, B. 0

Blondine aus Frankfurt

Blonde of Francoforte — 1899 — Blonde de Francfort

Privatbesitz

Auf Leinwand, H. 0,84, B. 0,51

Im Liebesgarten

In the love's garden

1898

Dans le jardin d'amour

Privatbesitz — Auf Leinwand, H. 0,17, B. 0,31

Erna v. Holzhausen

Erna v. Holzhausen 1899 Erna v. Holzhausen

Privatbesitz — Auf Leinwand

Haupt Graf zu Pappenheim

Haupt Count of Pappenheim 1897 Haupt conte de Pappenheim

Berlin, Kunsthandlung Paul Cassirer | Auf Leinwand, H. 0,78, B. 0,92

Urteil des Paris
1899

Judgement of Paris | Jugement de Paris

Berlin, Kunsthandlung Fritz Gurlitt — Auf Leinwand, H. 0,92, B. 0,78

Selbstbildnis in Rüstung

The artist's portrait in a suit of armour (from the front)

1899

Portrait de l'artiste en armure (en face)

Frankfurt a. M., Sammlung Ernst Flersheim — Auf Leinwand, H. 1,02, B. 0,83

Selbstbildnis in Rüstung

The artist's portrait in a suit of armour (to the right) — 1899 — Portrait de l'artiste en armure (par droite)

Privatbesitz — Auf Pappe

Waldnixe

Dryad III — 1898 — Dryade III

Privatbesitz — Auf Leinwand, H 0,43, B 0,37

Offizier mit Helm

Officier with helmet — 1900 — Officier au casque

Frankfurt a. M., Sammlung Gustav Flersheim — Auf Leinwand. H. 0,92, B. 0,78

Klosterpark in Amorbach

Convent-park at Amorbach — 1899 — Park du couvent à Amorbach

Privatbesitz — Auf Leinwand, H. 0,61, B. 0,50

Zwei Kürassiere im Walde

Two cuirassiers alight — 1901 — Deux cuirassiers descendus de cheval

Privatbesitz — Auf Leinwand, H. 0,66, B. 0,51

Fräulein Reichardt

Miss Reichardt — 1898 — Mlle Reichardt

Wiesbaden, Sammlung Pagenstecher

Auf Leinwand, H. 0,60, B. 0,75

Parkmauer in Amorbach

1899

Park-wall at Amorbach

Mur du parc à Amorbach

Privatbesitz — Auf Leinwand, H. 0,76, B. 0,62

Pferdekopf, Rappe

Horse's head (black horse) 1900 Tête de cheval (noir)

Privatbesitz — Auf Leinwand, H. 0,76, B. 0,

Pferdekopf, Fuchs

Horse's head (chest-nut horse) 1900 Tête de cheval (alezan)

Frankfurt a. M., Städelsches Kunstinstitut — Auf Leinwand, H. 0,79, B. 0,93

Klostergebäude in Amorbach bei Sonne

Amorbach in sunshine, castle-front — 1899 — Amorbach au soleil, façade du château

Bremen, Kunsthalle — Auf Leinwand, H. 0,92, B. 0,78

Amorbach, Landstraße

Amorbach, roadside — 1899 — Amorbach, partie de la rue

München, Kunsthandlung Hermes — Auf Leinwand, H. 0,92, B. 0,78

Schloßpark in Lichtenberg im Odenwald

Lichtenberg Park — 1900 — Parc de Lichtenberg

Berlin, Kunsthandlung Haberstock — Auf Leinwand, H. 0,78, B. 0,93

Klostergebäude in Amorbach, Regenstimmung

1899

Amorbach in rain — Amorbach en pluie

Privatbesitz — Auf Leinwand, H. 0,76, B. 0,62

Park Lichtenberg mit Bank

Lichtenberg Park with bench — 1900 — Château de Lichtenberg avec banc

Heidelberg, Sammlung Prof. C. Neumann — Pappe auf Holz, H. 0,48, B. 0,37

Friedrich der Siegreiche nach der Schlacht bei Seckenheim

(Skizze)

Frederick the Victorious — 1902 — Frédéric le Victorieux

Wiesbaden, Kunsthalle | Auf Leinwand, H. 0,62, B. 0,76

Ökonomiegebäude in Amorbach

Farm-buildings at Amorbach | 1899 | Amorbach, établissement agricole

Privatbesitz Auf Leinwand, H. 0,62, B. 0,76

Ökonomiehof in Amorbach

Farm-yard at Amorbach 1899 Amorbach, vieille court du couvent

Privatbesitz Auf Leinwand

Lichtenberg im Odenwald bei Regen

Lichtenberg in the Odenwald in rain 1900 Lichtenberg dans l'Odenwald en pluie

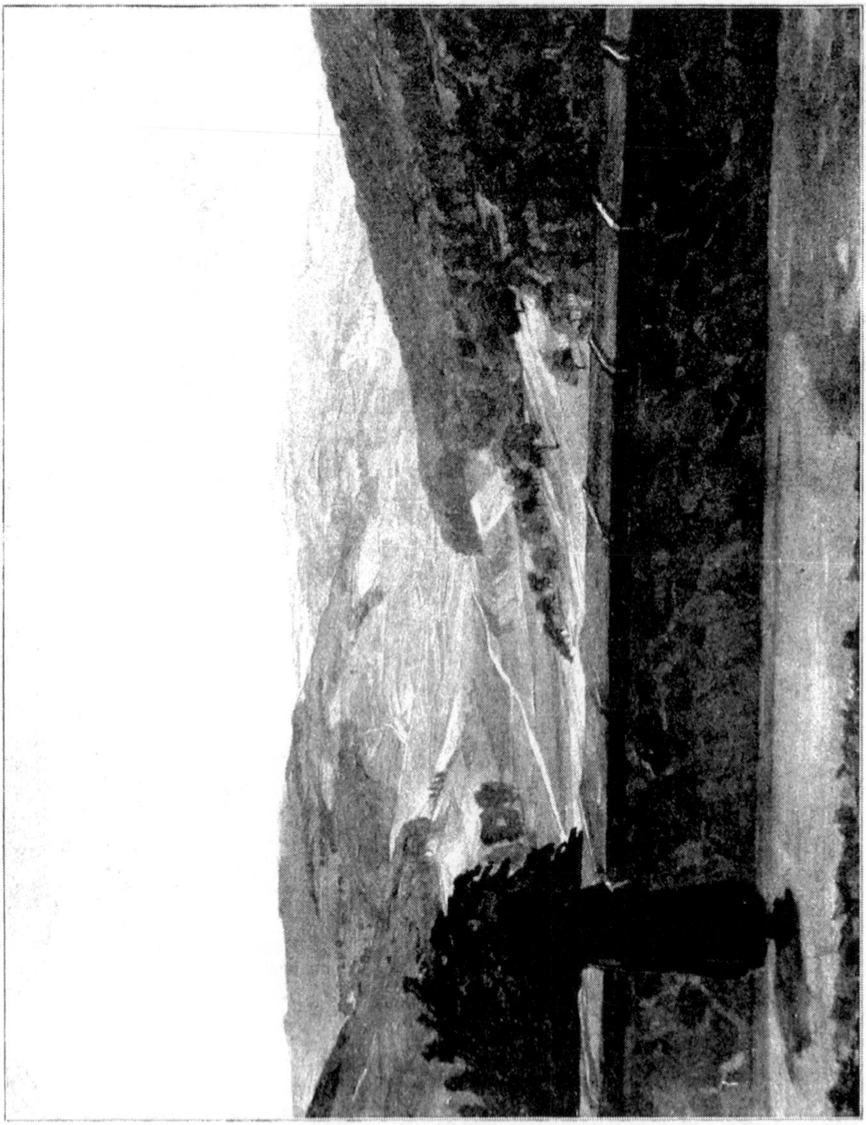

Dresden, Sammlung Uhle

Blick in den Odenwald

1900

Auf Leinwand, H. 0,62, B. 0,76

View into the Odenwald

Vue dans l'Odenwald

Hamburg, Sammlung Pickenpack — Auf Leinwand, H. 0,78, B. 0,92

Waldinneres

Interior of a wood — 1900 — L'intérieur du bois

Im Besitz des Künstlers

Auf Leinwand, H. 0,46, B. 0,38

Alice Trübner, Gattin des Künstlers

Mrs. Alice Trübner, the artist's consort 1900 Mme Alice Trübner, épouse de l'artiste

Dresden, Sammlung Rothermundt — Auf Leinwand, H. 0,62, B. 0,76

Nieder-Hausen im Odenwald

Nieder-Hausen in the Odenwald — 1900 — Nieder-Hausen dans l'Odenwald

Im Besitz des Künstlers

Auf Leinwand, H. 0,92, B. 0,78

Frau Alice Trübner, Gattin des Künstlers, mit Hut

Mrs. Alice Trübner, the artist's consort, with hat 1901 Mme Alice Trübner, épouse de l'artiste, au chapeau

Berlin, Privatbesitz | Auf Leinwand, H. 0,92, B. 0,78

Aussichtstempel bei Erbach im Odenwald

Belvedere near Erbach in the Odenwald 1901 Pavillon de vue près d'Erbach dans l'Odenwald

Im Besitz des Künstlers | Auf Leinwand, H. 1,16, B. 0,97

Frau Alice Trübner, Gattin des Künstlers, auf der Gartenbank

Mrs. Alice Trübner, the artist's consort, on the bench 1902 Mme Alice Trübner, épouse de l'artiste, au banc

Breslau, Schlesisches Museum

Auf Leinwand, H. 0,92, B. 0,78

Waldeingang

Forest-entrance

1902

Entrée de bois

Berlin, Kgl. Nationalgalerie

Auf Leinwand, H. 0,92, B. 0,78

Siegfriedbrunnen im Odenwald

Siegfried-spring in the Odenwald 1902 Source Siegfried dans l'Odenwald

Privatbesitz — Auf Leinwand, H. 0,78, B. 0,92

Mümlingtal im Odenwald

Mümling-valley in the Odenwald — 1902 — La vallée de Mumling dans l'Odenwald

Privatbesitz

Auf Leinwand, H. 0,78, B. 0,92

Felsengerölle im Odenwald

1902

Rubble-stones in the Odenwald

Cailloux roulés dans l'Odenwald

Hamburg, Sammlung Pickenpack — Auf Leinwand, H. 0,76, B. 0,62

Waldweg

Wood-path — 1902 — Chemin forestier

Frankfurt a. M., Sammlung Nathan — Auf Leinwand, H. 0,70, B. 0,62

Waldweg mit Erika

Wood-path with heath-plant — 1902 — Chemin forestier avec bruyère

Privatbesitz

Auf Leinwand, H. 0,78, B. 0,92

Marbachtal im Odenwald

Marbach-valley in the Odenwald 1902 La vallée de Marbach dans l'Odenwald

Privatbesitz — Auf Leinwand, H. 0,75, B. 0,62

Nachtwächter in Erbach

Night-guard at Erbach — 1901 — Garde de nuit à Erbach

Heidelberg, Sammlung Prof. Dr. Sillib

Auf Leinwand, H. 0,82, B. 1,41

Kürassier-Feldwache

1901

Cavalry-horses

Chevaux de cuirassier en sentinelle

Privatbesitz

Auf Leinwand, H. 0,96, B. 1,10

Kürassierpferd, von der Seite

Cuirassier-horse loaded, side-face

1901 Cheval de cuirassier avec chargement, à la gauche

Stuttgart, Kgl. Museum der bildenden Künste — Auf Leinwand, H. 1,10, B. 0,90

Kürassierpferd, von vorn

Cuirassier-horse, full front — 1901 — Cheval de cuirassier, en face

Frankfurt a. M., Sammlung L. Koch — Auf Leinwand

Kürassierpatrouille

Cuirassier-patrol — 1901 — Patrouille de cuirassiers

Frankfurt a. M., Kunsthandlung M. Goldschmidt — Auf Leinwand

Waldrand in Marbach

Marbach, skirts — 1902 — La lisière à Marbach

Privatbesitz Auf Leinwand, H. 1,09, B. 0,72

Fräulein Maria Wüsthoff

Miss Mary Wuesthoff 1901 Mlle Marie Wuesthoff

Privatbesitz — Auf Leinwand, H. 0,61, B. 0,40

Nieratzky jr., Opernsänger

Mr. Nieratzky jr., opera-singer — 1901 — Mr. Nieratzky jr., chanteur de l'opera

Privatbesitz — Auf Leinwand, H. 0,93, B. 0,78

Professor Bernhard Mannfeld

Professor Bernard Mannfeld — 1901 — Le professeur Bernard Mannfeld

Dresden, Justizrat Bondi

Auf Leinwand, H. 0,92, B. 0,73

Postillon, seitwärts

Postillion, side face

1901

Postillon, à droite

Weimar, Museum

Auf Leinwand, H. 0,92, B. 0,70

Postillon, von vorn

Postillion, full front 1901 Postillon, en face

Privatbesitz — Auf Leinwand, H 150, B 100

Schimmelreiter

Horseman on a white horse 1902 — Homme à cheval blanc

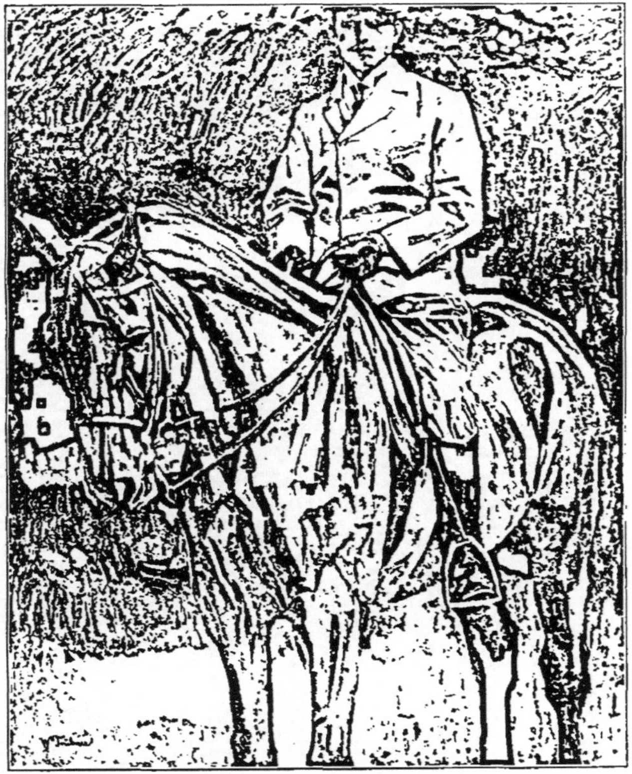

Berlin, Sammlung [illegible] — Auf Leinwand, H [illegible], B [illegible]

Herrenreiter

Horseman — 1902 — Monsieur à cheval

Privatbesitz

Auf Leinwand, H. 1,56, B. 1,29

Erna v. Holzhausen zu Pferde

Erna v. Holzhausen on horseback 1902 Erna v. Holzhausen à cheval

Wiesbaden, Sammlung Pagenstecher — Auf Leinwand, H. 1,00, B. 0,78

Reiterbildnis auf Rappe

Horseman on a black horse 1902 Homme à cheval noir

Wiesbaden, Sammlung Kirchhoff — Auf Leinwand, H. 1,00, B. 0,73

Reiterbildnis auf Fuchs

Portrait of an officer on a chestnut horse 1902 Portrait d'un officier à cheval alezan

Wiesbaden, Sammlung Pagenstecher — Auf Leinwand, H. 1,53, B. 1,27

Lina v. Schauroth zu Pferde

Lina v. Schauroth on horseback — 1902 — Lina v. Schauroth à cheval

Privatbesitz — Auf Leinwand, H. 0,76, B. 0,62

Alter Mann mit Vollbart

Old man with full beard — 1901 — Vieil homme portant toute sa barbe

Privatbesitz — Auf Leinwand, H. 0,76, B. 0,62

Fischwasser

Fishy water — 1902 — Vivier

Privatbesitz — Auf Leinwand, H 1,53, B 1,27

Reiterbildnis eines Infanterieoffiziers

Portrait of an officer on horseback — 1902 — Portrait d'un officier à cheval

Privatbesitz Auf Leinwand, H. 0,73, B. 0,58

Fräulein Muser

Miss Muser 1904 Mlle Muser

Privatbesitz Auf Leinwand, H. 0,61, B. 0,35

Fräulein Görz

Miss Gœrz 1901 Mlle Gœrz

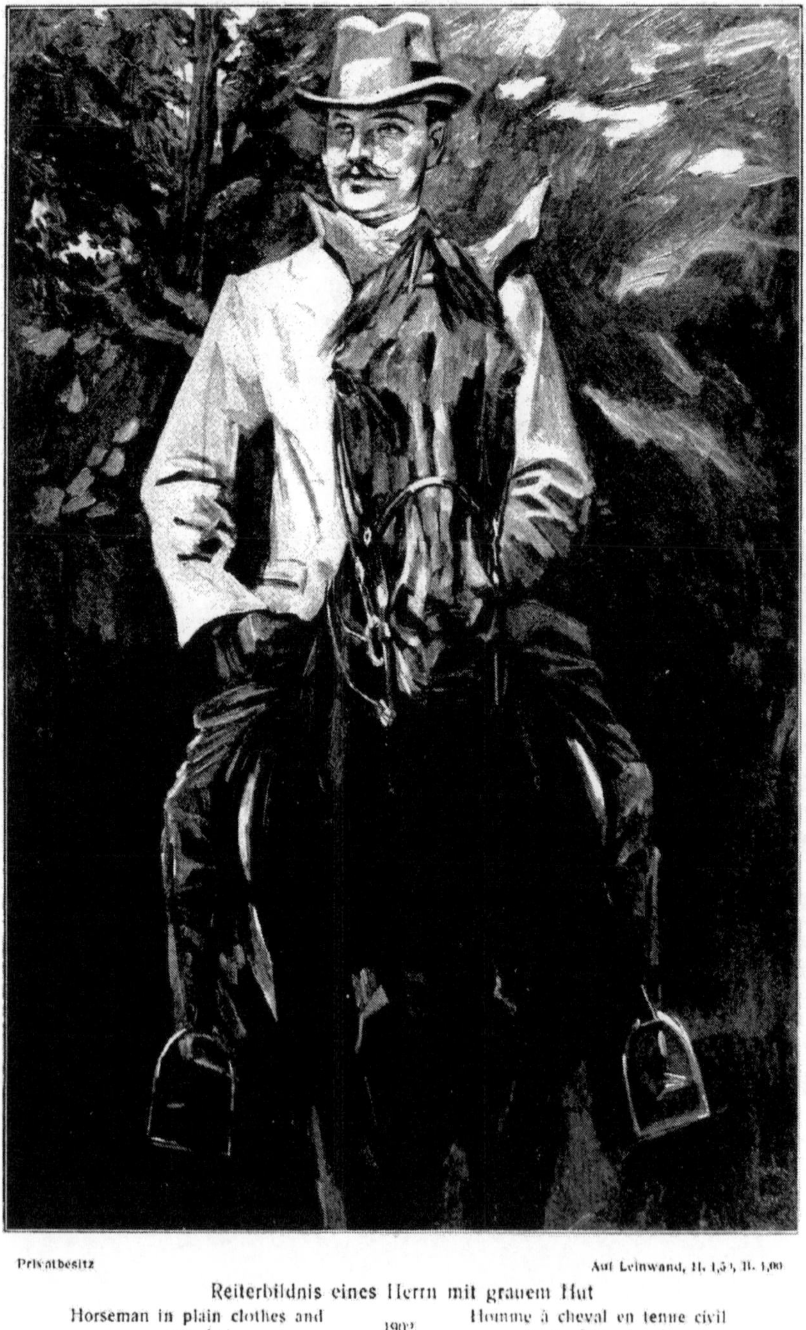

Privatbesitz — Auf Leinwand, H. 1,50, B. 1,00

Reiterbildnis eines Herrn mit grauem Hut

Horseman in plain clothes and grey hat — 1902 — Homme à cheval en tenue civil et au chapeau gris

Privatbesitz — Auf Leinwand, H. 1,30, B. 1,70

Leibpferd des Großherzogs Friedrich I. von Baden

Favorite horse of the Grand-Duke Frederick I. of Baden 1901 — Cheval favori du Grandduc Frédéric I de Bade

Heidelberg, Stadthalle — Auf Leinwand, H. 2,32, B. 3,25

Einzug des Kurfürsten Karl Friedrich von Baden in Heidelberg (1803)

Solemn entrance of the Elector Charles Frederick of Baden at Heidelberg 1903 Entrée solennelle de l'Electeur Charles Frédéric de Bade à Heidelberg

Mannheim, Kunsthalle — Auf Leinwand, H. 0,96, B. 1,195

Rosenzaun
1909

Rose-hedge — Haie de rosier

Heidelberg, Stadthalle — Auf Leinwand, H. 2,32, B. 3,25

Begrüßung des Deutschen Kronprinzen durch Großherzog Friedrich I. von Baden während des fünfhundertjährigen Universitätsjubiläums in Heidelberg (1885)

München, Kunsthandlung Hermes — Auf Leinwand, H. 0,61, B. 0,80

Rosengitter
1909

Rose-railing — Grille de roses

Privatbesitz — Auf Leinwand, H. 1,85, B. 1,30

Reiterbildnis des Großherzogs Friedrich I. von Baden

The Grand-Duke Frederick I. of Baden on horseback 1904 — Le Grand-Duc Frédéric I de Bade à cheval

Mainz, Museum

Auf Leinwand, H. 0,76, B. 0,62

Bildnis des Großherzogs Ernst Ludwig von Hessen und bei Rhein

Portrait of the Grand-Duke Ernest Lewis of Hessia and by Rhine

1904

Portrait du Grand-Duc Ernest Louis de Hesse et du Rhin

Darmstadt, Privatbesitz des Großherzogs — Auf Leinwand, H. 2,19, B. 1,37

Reiterbildnis des Großherzogs Ernst Ludwig von Hessen und bei Rhein

The Grand-Duke Ernest Lewis of Hessia and by Rhine on horseback — 1904 — Le Grand-Duc Ernest Louis de Hesse et du Rhin à cheval

New York, Metropolitan Museum

Auf Leinwand, H. 0,76, B. 0,62

Rosenhag

Rose-hedge

1908

Haie de rosier

Stuttgart, Offizierskasino — Auf Leinwand, H. 2,70, B. 1,54

Reiterbildnis des Königs Wilhelm II. von Württemberg

The King William II. of Wuerttemberg on horseback

1904

Le roi Guillaume II de Wurttemberg à cheval

München, Kunsthandlung Helbing — Auf Leinwand

Rosenstudie

Roses, a study — 1905 — Roses, étude

Köln, Eigentum der Stadt — Auf Leinwand, H. 2,70, B. 1,54

Reiterbildnis des Deutschen Kaisers Wilhelm II.

The Emperor William II. on horseback 1904 — L'Empereur Guillaume II à cheval

Privatbesitz

Auf Leinwand, H. 1,69, B. 1,03

Vorstudie zu einem Fürstenbildnis

Portrait of a prince, study — 1904 — Portrait d'un prince, étude

Hamburg, Kunsthalle — Auf Leinwand, H. 1,86, B. 1,30

Dr. Mönckeberg, Bürgermeister von Hamburg

Mayor Dr. Mœnckeberg, Hamburg — 1906 — Le Dr. Mœnckeberg, maire de Hambourg

Privatbesitz

Auf Leinwand, H. 1,85, B. 1,30

Vorstudie zu einem Fürstenbildnis

Portrait of a prince, a study 1904 Portrait d'un prince, étude

Wiesbaden, Kunsthalle — Auf Leinwand, H. 1,05, B. 0,755

Dr. v. Ibell, Bürgermeister von Wiesbaden

Mayor v. Ibell, Wiesbaden — 1907 — Le maire v. Ibell à Wiesbaden

München, Kunsthandlung Helbing — Auf Leinwand, H. 1,68, B. 1,02

Vorstudie zu einem Reiterbildnis

Study for a portrait of a horseman 1904 Etude pour un portrait à cheval

Privatbesitz

Auf Leinwand, H. 0,92, B. 0,78

Schloß Hemsbach, Front, langjähriger Sommersitz des Künstlers

Hemsbach Castle, front — 1904 — Château de Hemsbach, façade

Verschollenes Bild Auf Leinwand

Parkecke in Schloß Hemsbach

Corner of the park in Hemsbach Castle 1904 Coin du parc au château de Hemsbach

Privatbesitz — Auf Leinwand, H. 0,78, B. 0,92

Schloß Hemsbach von rückwärts

Hemsbach Castle from behind — 1904 — Château de Hemsbach vue d'en arrière

Wiesbaden, Sammlung Albert — Auf Leinwand, H. 0,78, B. 0,92

Schloß Hemsbach mit Kanonen

Hemsbach Castle with guns — 1906 — Château de Hemsbach avec canons

Dresden, Galerie — Auf Leinwand, H. 0,78, B. 0,92

Schloß Hemsbach mit Kanonen und mit Springbrunnen

Hemsbach Castle with guns and a fountain — 1906 — Château de Hemsbach avec canons et avec fontaine

Wiesbaden, Sammlung Pagenstecher

Auf Leinwand, H. 0,92, B. 0,78

Rosengarten im Schloßpark Hemsbach

Rose-garden in the Castle-parc Hemsbach 1904 Roseraie au parc du château Hemsbach

Privatbesitz

Auf Leinwand, H. 0,92, B. 0,78

Schloß Hemsbach hinter Bäumen

Hemsbach Castle behind trees — 1904 — Château de Hemsbach derrière des arbres

Blasewitz, Sammlung Rothermundt

Auf Leinwand

Schloß Hemsbach mit Bank

1905

Hemsbach Castle with bench

Château de Hemsbach avec banc

Privatbesitz

Auf Leinwand, H. 0,78, B. 0,92

Schloß Hemsbach von der Seite

Hemsbach Castle sideways

1905

Château de Hemsbach du côté

Privatbesitz

Auf Leinwand, H. 0,78, B. 0,92

Park mit Schloß Hemsbach

Park with Hemsbach Castle — 1905 — Parc du château de Hemsbach

München, Kunsthandlung Hermes

Auf Leinwand, H. 0,62, B. 0,76

Park Hemsbach mit Bank

Hemsbach Park with bench — 1905 — Parc de Hemsbach avec banc

Bonn, Städtisches Museum — Auf Leinwand, H. 0,71, B. 0,58

Treppenaufgang zum Schloß Hemsbach

Fliers in Hemsbach Castle — 1904 — Perron au château de Hemsbach

München, Kunsthandlung Helbing

Auf Leinwand, H. 0,92, B. 0,78

Grasstudie

Grass, a study

1907

Herbe, étude

München, Kunsthandlung Helbing — Auf Leinwand, H. 1,20, B 0,96

Pflanzenstudie

Plants, a study — 1907 — Plantes, étude

Privatbesitz

Auf Leinwand, H. 0,78, B. 0,92

Drei Tannen in Schloß Hemsbach

Three fir-trees at Hemsbach Castle — 1904 — Trois sapins au château de Hemsbach

Privatbesitz

Auf Leinwand, H. 0,76, B. 0,62

Toni v. Schlichting, geb. Freiin v. Froben

Toni v. Schlichting, born baroness v. Froben

1908

Toni v. Schlichting, née baronesse v. Froben

Privatbesitz

Auf Leinwand

Freiherr v. Witzleben, Rittmeister im 1. badischen Dragonerregiment

Baron v. Witzleben, captain in the first regiment of dragoons

1907

Le baron v. Witzleben, capitaine au premier régiment de cavalerie

Wiesbaden, Sammlung Pagenstecher — Auf Leinwand, H. 0,90, B. 0,77

Geheimrat Professor Dr. Hermann Pagenstecher

Privy council Professor Dr. H. Pagenstecher 1908 Conseiller intime Prof. Dr. H. Pagenstecher

New York, Sammlung Stransky — Auf Leinwand, H. 0,62, B. 0,76

Terrasse mit Flaggenmast am Starnberger See

Terrace with flag-staff on the lake of Starnberg 1907 Terrasse avec bâton de pavillon sur le lac de Starnberg

Privatbesitz — Auf Leinwand, H. 0,62, B. 0,76

Villa Knorr am Starnberger See

Knorr Villa on the lake of Starnberg 1908 Villa Knorr sur le lac de Starnberg

Privatbesitz

Auf Leinwand, H. 0,62, B. 0,76

Wirklicher Geheimrat Professor Dr. Karl Engler

Actual privy council Professor Dr. Engler 1909 Conseiller intime actuel Prof. Dr. Engler

Privatbesitz

Auf Leinwand, H. 0,62, B. 0,76

Mädchen mit Springseil
1907

Girl with skipping-rope

Fille à la corde à sauter

München, Deutsches Museum — Auf Leinwand, H. 1,05, B. 0,71

Wirklicher Geheimrat Professor Dr. Wilh. Robert Bunsen

Actual privy council Professor Dr. Bunsen — 1908 — Conseiller intime actuel Prof. Dr. Bunsen

München, Kunsthandlung Hermes

Auf Leinwand, H. 0,76, B. 0,62

Mädchen im Baum

1907

Girl sitting in a tree

Fille assise dans l'arbre

Privatbesitz Auf Leinwand, H. 0,76, B. 0,62

Geheimrat Professor Dr. Haber

Privy council Professor Dr. Haber 1910 Conseiller intime Prof. Dr. Haber

Karlsruhe, Sammlung Stadtrat Dr. F. Weill — Auf Leinwand, H 0,76, B. 0,62

Waldweg, Herbststimmung

Wood-coachroad, autumn — 1909 — Chaussée forestière en automne

Karlsruhe, Sammlung Jourdan | Auf Leinwand, H. 0,62, B. 0,76

Terrasse am Starnberger See

1907

Terrace on the lake of Starnberg

Terrasse sur le lac de Starnberg

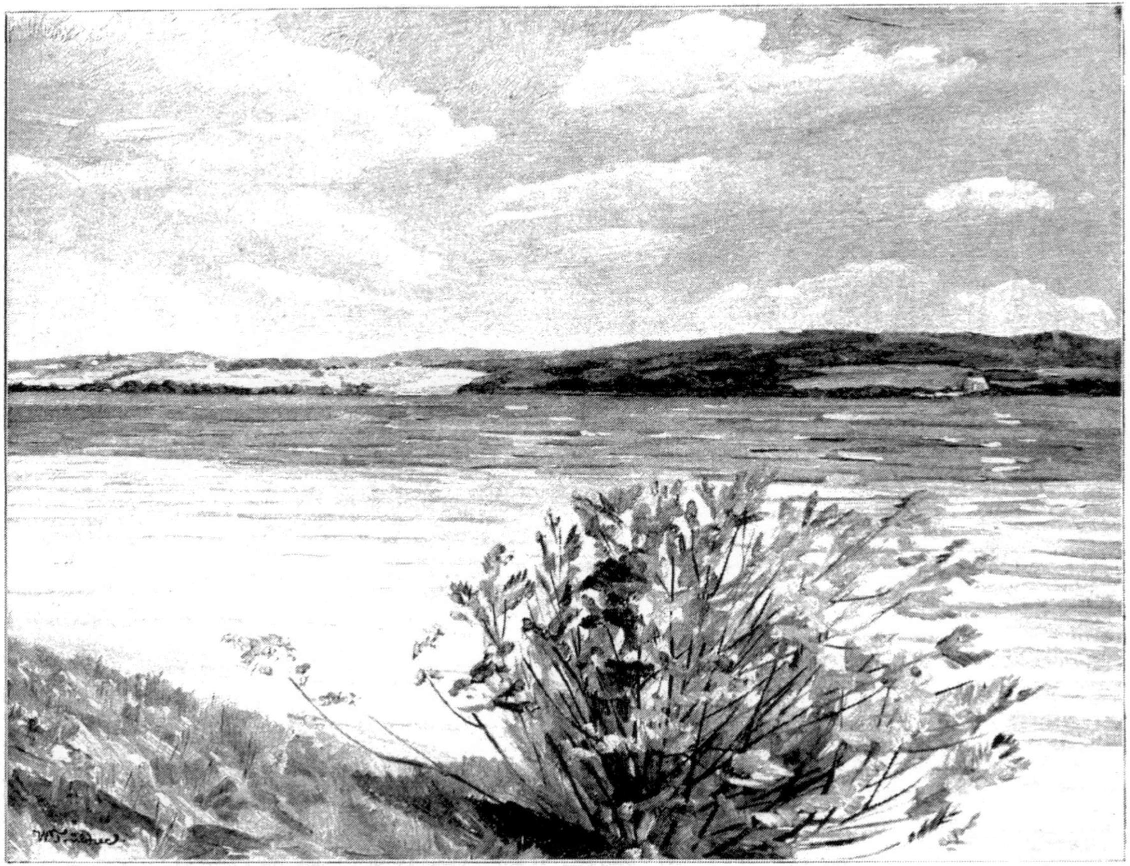

Privatbesitz

Auf Leinwand, H. 0,61, B. 0,75

Ufer mit Busch

1908

Shore with strub

Buisson au rivage

Frankfurt a. M., Städelsches Kunstinstitut — Auf Leinwand, H. 0,62, B. 0,76

Badehütte und Rosengarten am Starnberger See

Rose-garden with bathing-hut on the lake of Starnberg — 1907 — Roseraie avec établissement de bain sur le lac de Starnberg

Privatbesitz

Auf Leinwand, H. 0,62, B. 0,80

Insel im Starnberger See

1908

Isle in the lake of Starnberg

Ile dans le lac de Starnberg

Konstantinopel, Sammlung v. Kühlmann — Auf Leinwand, H. 0,62, B. 0,76

Rosenzaun, mit Aussicht nach Schloß Berg am Starnberger See

Rose-railing — 1908 — Grille de roses

Privatbesitz

Auf Leinwand, H. 0,62, B. 0,76

Park mit Aussicht auf Schloß Berg

Park with prospect on Berg Castle

1908

Parc avec vue sur le château de Berg

Privatbesitz

Auf Leinwand, H. 0,62, B. 0,76

Drei Bäume am Starnberger See

1908

Three trees on the lake of Starnberg

Trois arbres au lac de Starnberg

Zürich, Künstlergütl

Auf Leinwand, H. 0,76, B. 0,62

Waldchaussee

Wood-coachroad

1909

Chaussée forestière

Privatbesitz

Auf Leinwand, H. 0,74, B. 1,05

Park Knorr am Starnberger See

1908

Knorr Park at the lake of Starnberg

Parc Knorr sur le lac de Starnberg

Privatbesitz

Auf Leinwand, H. 0,62, B. 0,76

Kaffeetisch mit Rohrstuhl am Starnberger See

Coffee-table with basket-chair at the lake of Starnberg 1909 Table à café avec fauteuil paillé au lac de Starnberg

Karlsruhe, Kunsthalle

Auf Leinwand, H. 0,61, B. 0,71

Kaffeetisch am Starnberger See

1909

Coffee-table at the lake of Starnberg

Table à café au lac de Starnberg

Hamburg, Sammlung Pickenpack — Auf Leinwand, H. 0,76, B. 0,62

Lachender Bauer

Laughing peasant — 1908 — Paysan riant

Frankfurt a. M., Kunsthandlung M. Goldschmidt & Co. — Auf Leinwand, H 0,76, B. 0,62

Seitenweg

Syde-way — 1908 — Chemin détourné

Berlin, Kunsthandlung Haberstock

Auf Leinwand, H. 0,62, B. 0,76

Landungssteg
1909

Pier

Débarcadère

Privatbesitz

Auf Leinwand, H. 0,62, B. 0,76

Waldrand am See

Skirts at the lake 1908 Lisière au lac

Privatbesitz

Auf Leinwand, H. 0,62, B. 0,76

Buchen hinter dem Haus

Beech-trees behind the house 1908 Hêtres derrière la maison

München, Kunsthandlung Caspari | Auf Leinwand, H. 0,62, B. 0,76

Tanne am Ufer

1911

Fir-tree on the shore

Sapin au rivage

Privatbesitz

Auf Leinwand, H. 0,92, B. 0,78

Blick ins Nachbarhaus

View to the next-door house — 1911 — Vue à la maison voisine

Privatbesitz — Auf Leinwand, H. 0,62, B. 0,80

Tanne am See
1911

Fir-tree at the lake — Sapin au lac

Privatbesitz

Auf Leinwand, H. 0,62, B. 0,76

Aussichtsplatz mit Boskett

View with bosket

1911

Vue avec bosquet

Privatbesitz

Auf Leinwand, H. 0,62, B. 0,76

Badeplatz mit Bank

Bathing-place with bench

1911

Endroit pour se baigner avec banc

Privatbesitz

Auf Leinwand, H. 0,62, B. 0,76

Blick nach Kempfenhausen

1912

Prospect at Kempfenhausen

Vue à Kempfenhausen

Dresden, Sammlung Justizrat Bondi — Auf Leinwand, H. 0,50, B. 0,40

Villa mit Balkon

Villa with balcony — 1911 — Villa avec balcon

Privatbesitz

Auf Leinwand, H. 0,62, B. 0,76

Zimmer-Inneres

Interior of a room

1911

Intérieur d'une chambre

Privatbesitz

Auf Leinwand, H. 0,40, B. 0,50

Park mit Bank und Brücke

Park with bench and bridge

1912

Parc avec banc et pont

Privatbesitz — Auf Leinwand, H. 0,62, B. 0,80

Balkonzimmer am Starnberger See

Balcony-room on the lake of Starnberg — 1912 — Chambre de balcon sur le lac de Starnberg

Berlin, Kunsthandlung P. Cassirer — Auf Leinwand, H. 0,50, B. 0,40

Haus mit Madonna

House with Madonna — 1911 — Maison avec Madone

Wiesbaden, Sammlung Kirchhoff — Auf Leinwand, H. 0,91, B. 0,78

Mädchen vor der Schaukel

Girl before the swing — 1912 — Fille devant la balançoire

Privatbesitz

Auf Leinwand, H. 0,44, B. 0,59

Einsiedelei

Hermitage 1912 Ermitage

Privatbesitz

Auf Leinwand, H 0,41, B 0,79

Waldbach mit Villa

1912

A torrent with a villa

Ruisseau avec villa

Privatbesitz Auf Leinwand

Drei Buchen am See

Three beech-trees at the lake 1911 Trois hêtres sur le lac

Privatbesitz

Auf Leinwand, H. 0,62, B. 0,26

Aussichtsplatz am Starnberger See

Prospect on the lake of Starnberg

1912

Vue sur le lac de Starnberg

Hamburg, Sammlung Pickenpack — Auf Leinwand

Drei Buchen am Ufer

1911

Three beech-trees on the shore — Trois hêtres au rivage

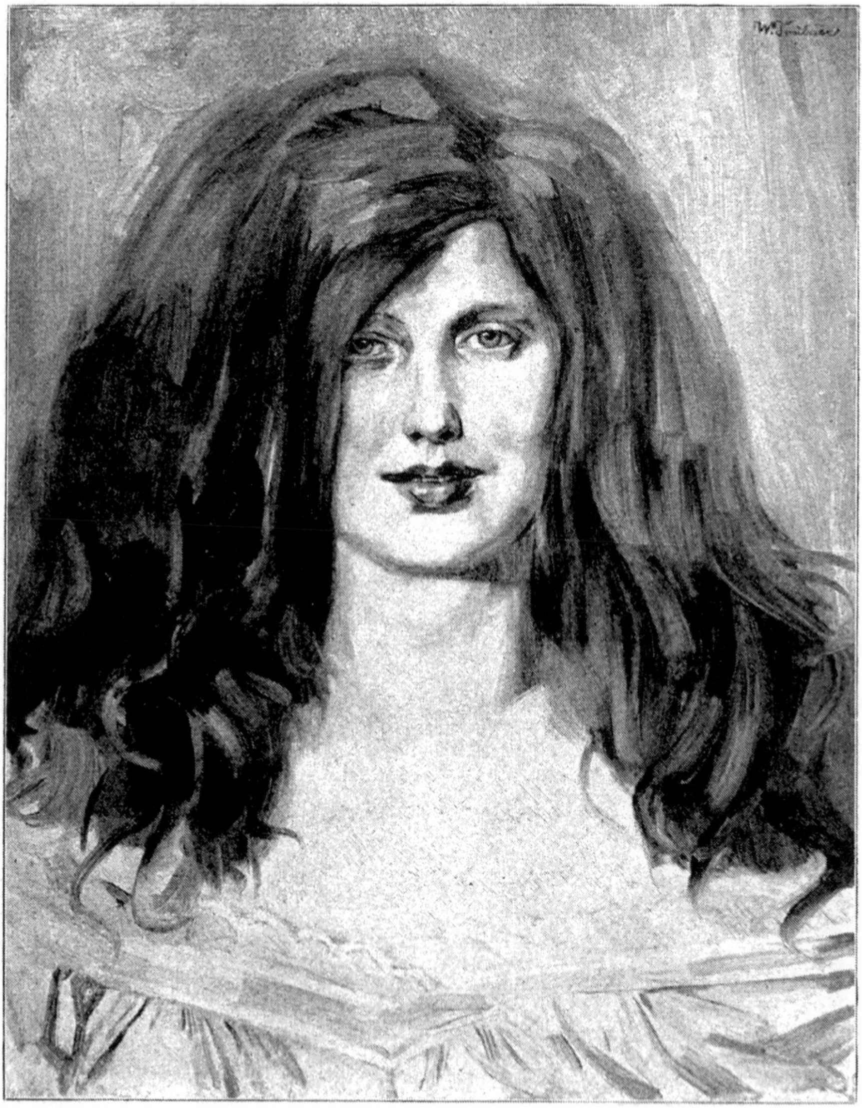

Privatbesitz

Auf Leinwand

Mädchen mit aufgelöstem Haar

Girl with dishevelled hair — 1911 — Fille aux cheveux débouclés

Privatbesitz — Auf Leinwand

Bildnis Fräulein St., Vorderansicht

Miss St., full front — 1910 — Mlle St., en face

Privatbesitz — Auf Leinwand. H. 0,50, B. 0,40

Bildnis Fräulein St., Seitenansicht

Miss St., at left — 1910 — Mlle St., à gauche

Privatbesitz

Auf Leinwand, H. 0,76, B. 0,61

Mädchen mit blauer Draperie

Girl with blue draperie 1911 Fille avec draperie bleue

Privatbesitz — Auf Leinwand

Bildnis Fräulein H. B.

Miss H. B. — 1910 — Mlle H. B.

Privatbesitz — Auf Leinwand, H. 0,50, P. 0,40

Bildnis Frau Ostermaier

Mrs. Ostermaier — 1911 — Mme Ostermaier

Privatbesitz

Auf Leinwand, H. 0,62, B. 0,50

Mädchen mit roter Draperie

Girl with red draperie

1911

Fille avec draperie rouge

Privatbesitz

Auf Leinwand

Mädchenkopf mit violettem Kleid

Girl's head with a violet dress 1911 Tête de jeune fille à la robe violette

Privatbesitz — Auf Leinwand, H. 1,20, B. 0,96

Lebenslänglich Angestellter einer Mahlanstalt

Mill-donkey — 1907 — Âne de moulin

Privatbesitz Auf Leinwand

Blick auf die Lichtentaler Allee in Baden-Baden

Lichtental-Avenue at Baden-Baden 1915 Avenue de Lichtental à Baden-Baden

Privatbesitz — Auf Leinwand, H. 0,765, B. 0,62

Doppelbildnis Fräulein L. Ravenstein und U. Marx

Double-portrait of Miss L. Ravenstein and U. Marx 1911 Double portrait de Mlles L. Ravenstein et U. Marx

Frankfurt a. M., Kunsthandlung Marcus — Auf Leinwand, H. 0,62, B. 0,80

Mariensäule vor dem Stift Neuburg

Virgin's column before Neuburg-foundation — 1913 — Colonne de Ste. Vierge devant la fondation de Neuburg

Mannheim, Kunsthalle

Auf Leinwand, H. 0,62, B. 0,76

Einfahrtsweg zum Stift Neuburg
1913

Entrance to Neuburg-foundation

Entrée à la fondation de Neuburg

Karlsruhe, Kunsthalle — Auf Leinwand

Ökonomiegebäude im Stift Neuburg a. Neckar

Farm-building, Neuburg-foundation — 1913 — Établissement agricole de la fondation de Neuburg

Mannheim, Kunsthalle — Auf Leinwand, H. 0,62, B. 0,80

Eingangstor zum Stift Neuburg a. Neckar, Innenseite

Gate of entrance at Neuburg-foundation, from inside — 1913 — Porte d'entrée de la fondation de Neuburg, de dedans

Mannheim, Kunsthalle

Auf Leinwand, H. 0,62, B. 0,80

Forellenteich im Stift Neuburg

Trout-pond in Neuburg-foundation

1913

Étang à truites dans la fondation de Neuburg

Privatbesitz

Auf Leinwand, H. 0,64, B. 0,80

Eingangstor zum Stift Neuburg a. Neckar

Gate of entrance at Neuburg foundation — 1913 — Porte d'entrée de la fondation de Neuburg

Berlin, Kunsthandlung P. Cassirer — Auf Leinwand

Stift Neuburg a. Neckar, Kapelle mit Blumenterrasse

Neuburg-foundation, chapel with terrace of flowers — 1913 — Fondation de Neuburg, chapelle avec terrasse de fleurs

Frankfurt a. M., Städelsches Kunstinstitut — Auf Leinwand, H. 0,62, B. 0,76

Hof im Stift Neuburg a. Neckar
1913

Court-yard in Neuburg-foundation

Cour dans la fondation de Neuburg

Berlin, Kunsthandlung P. Cassirer — Auf Leinwand

Entblätterter Baum im Stift Neuburg a. Neckar

Neuburg-foundation with stripped tree — 1913 — Fondation de Neuburg, avec un arbre effeuillé

Mannheim, Kunsthalle — Auf Leinwand, H. 0,62, B. 0,80

Hof im Stift Neuburg a. Neckar, bei Sonnenschein

Court-yard in Neuburg-foundation, with sunshine — 1913 — Cour dans la fondation de Neuburg, avec soleil

Berlin, Kunsthandlung P. Cassirer — Auf Leinwand, H. 0,62, B. 0,80

Kapelle im Stift Neuburg a. Neckar, mit zwei Bäumen im Vordergrund

Chapel in Neuburg-foundation, with two trees — 1913 — Chapelle de la fondation de Neuburg, avec deux arbres

Berlin, Nationalgalerie

Auf Leinwand, H. 0,62, B. 0,80

Kapelle im Stift Neuburg a. Neckar, mit drei Bäumen im Vordergrund

Chapel in Neuburg-foundation, with three trees — 1913 — Chapelle de la fondation de Neuburg, avec trois arbres

Privatbesitz — Auf Leinwand, H. 0,78, B. 0,92

Parkmauer hinter dem Stift Neuburg

Park-wall in Neuburg-foundation — 1913 — Mur du parc dans la fondation de Neuburg

Privatbesitz — Auf Leinwand, H. 0,78, B. 0,92

Fischteich hinter dem Stift Neuburg

Fish-pond in Neuburg-foundation — 1913 — Etang à poissons dans la fondation de Neuburg

Frankfurt a. M., Kunsthandlung Marcus — Auf Leinwand, H. 0,62, B. 0,76

Einfahrtsweg zwischen Eingangstor und dem Stiftsgebäude in Stift Neuburg a. Neckar

Neuburg-foundation on Neckar — 1913 — Fondation de Neuburg sur le Neckar

Privatbesitz

Auf Leinwand, H. 0,46, B. 0,58

Stiftsterrasse mit Aussicht nach Schlierbach

Terrace in Neuburg-foundation, view at Schlierbach 1913 Terrasse dans la fondation de Neuburg avec vue de Schlierbach

Privatbesitz

Auf Leinwand, H. 0,78, B. 0,92

Parkmauer im Stift Neuburg a. Neckar

Park-wall in Neuburg-foundation

1913

Mur du parc dans la fondation de Neuburg

München, Kunsthandlung Heinemann — Auf Leinwand, H. 0,92, B. 0,78

Parkmauer mit Forellenteich im Stift Neuburg a. Neckar

Park-wall with trout-pond in Neuburg-foundation — 1913 — Mur du parc avec étang à truites dans la fondation de Neuburg

Im Besitz des Künstlers — Auf Holz

Jörg Trübner, Sohn des Künstlers

George Trübner, the artist's son 1907 Georges Trübner, fils de l'artiste

Im Besitz des Künstlers — Auf Leinwand, H. 1,70, B. 1,10

Mein Sohn Jörg in Rüstung

My son George in a suit of armour 1914 — Mon fils Georges en armure

Privatbesitz

Auf Leinwand, H. 0,62, B. 0,80

Schloßgarten in Homburg v. d. H.

1915

Castle-garden at Homburg v. d. H.

Jardin du château à Homburg v. d. H.

Im Besitz des Künstlers

Auf Leinwand, H. 0,76, B. 0,62

John Audley, Schwager des Künstlers

John Audley, the artist's brother-in-law 1914 Jean Audley, beau-frère de l'artiste

Berlin, Sammlung Haberstock — Auf Leinwand, H. 0,92, B. 0,78

Kunsthändler Haberstock

Picture-dealer Haberstock — 1914 — Le marchand de tableaux Haberstock

Erfurt, Städtisches Museum

Auf Leinwand, H. 1,20, B. 0,96

Minister v. Lucius
1914

Minister v. Lucius

Le ministre v. Lucius

München, Kunsthandlung Caspari | Auf Leinwand

Rosen

Roses 1915 Roses

Privatbesitz

Auf Leinwand, H. 0,76, B. 0,62

Frau Stephanie Grimm

Mrs. Stephanie Grimm

1915

Mme Stéphanie Grimm

München, Kunsthandlung Caspari — Auf Leinwand, H. 0,62, B. 0,80

Schloßhof in Baden-Baden im September

Castle-yard at Baden-Baden in september — 1915 — Cour du château à Baden-Baden en septembre

Frankfurt a. M., Kunsthandlung J. P. Schneider — Auf Leinwand, H. 0,62, B. 0,80

Schloßhof in Baden-Baden im Oktober

Castle-yard at Baden-Baden in october — 1915 — Cour du château de Baden-Baden en octobre

Anhang

Aus mancherlei Gründen war es bedauerlicherweise zur Zeit weder möglich, alle Eigentümer von Trübnerbildern genau festzustellen noch auch alle Größenangaben lückenlos zu bringen. Viele Eigentümer waren nicht ausfindig zu machen, vor allem jene nicht, die durch öffentliche Kunstausstellungen oder durch den Kunsthandel zu ihrem Besitz gelangt waren. Manche Nachrichten trafen außerdem zu spät ein, um noch berücksichtigt oder verwendet werden zu können.

Der Besitzstand an Trübnerwerken ist zur Zeit noch beständigen Veränderungen und Verschiebungen unterworfen, so daß bei Ausgabe dieses Bandes eine Anzahl von Besitzerangaben schon nicht mehr zutreffen.

Jeder Besitzer eines Werkes von Trübner, das hier nicht abgebildet ist, wird höflichst gebeten, Titel, Größe (Maße der Bildfläche ohne Rahmen nach Höhe und Breite in Zentimetern) und Signierung (nach Art und Ort) des Werkes, möglichst unter Beilage einer Lichtbildaufnahme an Herrn Professor Wilhelm Trübner, Stefanienstraße 50, Karlsruhe i. B., gelangen zu lassen.

Diese Angaben und Abbildungen sollen späterhin Verwendung finden, damit Irrtümern hinsichtlich der Echtheit beizeiten möglichst vorgebeugt werden kann. Oben genannte Angaben sind also auch im Interesse der Besitzer erbeten, weil den noch vom Künstler selbst beglaubigten Feststellungen immer ein besonderer Wert beigemessen werden dürfte.

Verzeichnisse der Bilder

A nach Stoffen geordnet

II Landschaften

III Bilder verschiedenen Inhalts

IV. Blumen-, Frucht- und Tierstücke

) Die Gemälde ohne Seitenangabe sind im Werke nicht abgebildet

Druckwerke

I Veroffentlichungen von Trubner

Trubner-Album I 20 Heliogravuren nach Gemalden Dr E Alberts Kunstverlag, Munchen
Trubner-Album II 25 Lichtdrucke nach Gemalden J B Obernetters Kunstverlag Munchen
Das Kunstverstandnis von Heute Munchen 1892 Caesar Fritsch
Die Verwirrung der Kunstbegriffe Betrachtungen von W T Frankfurt 1898 Lit Anstalt (Rutten & Loening) 2 vermehrte Auflage, 1900
Personalien und Prinzipien Berlin o J Bruno Cassirer (1907) (Daraus auch in Kunst und Kunstler VI 1 [1907] Aus meinem Leben von W T)
Van Gogh und die neuen Richtungen der Malerei Kunst fur Alle 1915 Januar heft 1
Der Krieg und die Kunst Frankfurter Zeitung 21 Januar 1916 Erstes Morgenblatt
Der Wert deutscher und franzosischer Kunst Berlin, 8 April 1917 Wochenschrift der Berliner Neuesten Nachrichten

II Schriften uber Trubner

Aufsatze und Abhandlungen

1901 Wilh Trubner von Karl Voll (mit 8 Abb) Zeitschrift f bild Kunst N F XII 12 E A Seemann, Leipzig
1902 W T von Georg Hermann (ohne Abb) Sudwestdeutsche Rundschau II 8 Sudwestd Rundschau, Frankfurt a M
1902 W T von Hans Rosenhagen (mit 20 Abb) Die Kunst fur Alle XVII 16 F Bruckmann A-G, Munchen
1903 L Brieger-Wasservogel Deutsche Maler Kunst der Neuzeit Nr 10 J H Ed Heitz (Heitz & Mundel), Straßburg
1904 Ausstellung im Salon Schulte von Hans Rosenhagen Der Tag 29 November 1904
1904 W T Entwicklungsgeschichte der modernen Kunst von J Meier-Graefe Bd II und III J Hoffmann Stuttgart
1904 Die Ausstellung der Sezession von Richard Muther Die Zeit Wien, 20 November 1904
1905 Der Deutsche Kunstlerbund von Richard Muther Die Zeit Wien, 11 Juni 1905
1907 W T von Georg Fuchs Munchener Neueste Nachrichten 12 April 1907
1907 W T von Hans Rosenhagen (mit 9 Abb) Uber Land und Meer 1907 Nr 12 (Bd 79)
1908 W T von Benno Ruttenauer (ohne Abb) „Die Propylaen" S 115 ff
1909 W T von Paul Kuhn (mit 9 Abb) Illustrierte Zeitung Nr 3464 CXXXIII J J Weber Leipzig
1909 W T von Benno Ruttenauer (mit 20 Abb) Westermanns Monatshefte 1909 LIV 3 George Westermann, Braunschweig
1909 W T von Hans Rosenhagen (mit 16 Abb) Daheim 1909, Nr 14 XLIV Daheim Verlag, Berlin
1910 W T von Wilh Schafer (mit 9 Abb) Die Rheinlande X 1 A Bagel, Dusseldorf Dasselbe als Sonderheft in „Deutsche Maler" Verlag der Rheinlande
1910 W T von Wilhelm Michel (mit 11 Abb) W T Ausstellung in Brakls Kunsthandlung Munchen 1910
1911 Fuhrer durch die Trubner-Ausstellung (mit 12 Abb) Bad Kunstverein Karlsruhe Februar 1911
1911 Die Trubner-Ausstellung in Karlsruhe von E A Beringer Kunstchronik N 1
1911 W T von Karl Scheffler (mit 10 Abb) Kunst und Kunstler IX 6 Bruno Cassirer, Berlin

Leipzig

1911 W T von Georg Jak Wolf (mit 6 Abb) Jugend Nr 1 G Hirths Verlag, Munchen

1911 W T von Jos Aug Beringer (mit 16 Abb) Die Kunst fur Alle XXVI 10 F Bruckmann A-G, Munchen

1911 W T von F Bender Kunst und Jugend V 3 Verlag Kunst und Jugend, Stuttgart

1912 W T von Karl Scheffler Abdruck des Aufsatzes in Kunst und Kunstler 1911 Insel-Almanach 1912

1912 W T von Albert Geiger (mit 7 Abb) Der „Turmer" XIV 5 Greiner & Pfeiffer, Stuttgart

1916 W T von Jos Aug Beringer (mit 45 Abb) Deutsche Kunst und Dekoration XIX Verlagsanstalt Alex Koch, Darmstadt

Bucher und Monographien

Wilh Trubner und sein Werk von Georg Fuchs Mit 124 Reproduktionen Munchen und Leipzig Gg Muller, 1908

W T von Hans Rosenhagen Mit 98 Abbildungen darunter 12 farbigen In der Sammlung „Kunstlermonographien" von Velhagen & Klasing Nr 98 Bielefeld und Leipzig 1908

W T von Hans Rosenhagen In „Die Kunst unserer Zeit" von Franz Hanfstaengl, Munchen

W T von Wilhelm Schafer In Deutsche Maler, 1910 I Verlag der „Rheinlande"

Trubner von G Krugel In „Kunstgaben" der fr Lehrervereinigung Berlin Jos Scholz, Mainz 1911

Auf die große Anzahl von Aufsatzen uber Trubner in Tageszeitungen Deutschlands und Osterreichs und anderer Lander kann hier nur allgemein hingewiesen werden

Vergleiche auch

Die deutsche Jahrhundert-Ausstellung Berlin 1906 Mit einleitendem Text von H v Tschudi I II F Bruckmann A-G, Munchen 1906

Kunst und Kunstler in Frankfurt a M im 19 Jahrhundert von Heinr Weizsacker und Albert Dessoff Frankfurt a M Baer, Jugel, Keller Prestel & Abendroth (1907)

Geschichte der Malerei im 19 Jahrhundert von Rich Muther, II G Hirth, Munchen 1893

Entwicklungsgeschichte der modernen Kunst von Jul Meier Graefe, II Jul Hoffmann, Stuttgart 1904

Handbuch der Kunstgeschichte V von Springer Osborn A Kroner, Leipzig

Grundriß der Kunstgeschichte V von Lubke Semrau Haack P Neff Verlag, Eßlingen

Die moderne Malerei von Alfred Koppen Velhagen & Klasing, Bielefeld

Geschichte der Malerei von Rich Muther Berlin, 1912

Kunstgeschichte von Rosenberg Rosenhagen

Die deutsche Malerei im 19 Jahrhundert von Rich Hamann B G Teubner Leipzig 1914

Die bildende Kunst der Gegenwart von Wilh Hausenstein Deutsche Verlags-Anstalt, Stuttgart 1914

Brockhaus' und Meyers Konversationslexikon

Allgemeines Kunstler Lexikon von Singer Rutten & Loening Frankfurt a M 1895/1906

Kunstler-Lexikon von Seubert, 1882

von Professor Wilhelm Trubner

nach dem amtlichen Verzeichnis der Großherzogl Akademie der bildenden Kunste in Karlsruhe und der Aufzeichnungen des Meisters

Außer den schon genannten Albert Lang (Karlsruhe — Munchen), Karl Schuch (Wien — Munchen — Venedig — Paris), seiner Gattin Alice Trubner (Bradford - Frankfurt) und Jul Schmid-Reutte (Munchen — Karlsruhe) werden hier nach Studienaufenthalt und Heimat noch verzeichnet

Namen	Studienaufenthalt	Heimat
Abecassis, Fred	Frankfurt	Lissabon
v Amerongen, Friedrich	Frankfurt, Karlsruhe	Cronberg
Bandell, Eugenie	Frankfurt, Amorbach	Frankfurt a M
Barth, Friedrich	Karlsruhe	Pforzheim
Baur, Hermann	Karlsruhe	Karlsruhe
Bayer, Peter	Karlsruhe	Mannheim
Beithan, Emil	Frankfurt	Frankfurt a M
v Bentinck, Ottoline, Grafin	Hemsbach	Auerbach a d B
Beyerbach, Friedrich	Frankfurt	Frankfurt a M
Bleibtreu, Friedrich, Leop	Frankfurt	Rastatt
v Brockhusen, Marie	Frankfurt	Berlin
Brunner, Karl	Karlsruhe	Kassel
v Bucher, Ernst, Dr	Karlsruhe	Wien
Burger, Hermann	Karlsruhe	Karlsruhe
Bunzelmann, David	Karlsruhe	Gerson (Rußland)
Burckhardt, Rudolf	Karlsruhe	Basel
v Campenhausen, Erich	Karlsruhe	Mitau (Rußland)
Cavet, Lilli	Frankfurt	Frankfurt a M
Cornill, Fraulein	Hemsbach	Breslau
Coste, Waldemar	Karlsruhe	Kiel
Dahlen, Paul	Karlsruhe	Wiesbaden
Ebner Emil	Karlsruhe	Bruchsal
Eigner, Pauline	Hemsbach, Marbach	Munchen
Eimer, Ernst	Karlsruhe	Groß-Eichen
v Erbach, Marie, Grafin	Erbach	Erbach
Forster, Frau Erich	Frankfurt	Frankfurt a M
Freytag, Heinrich	Karlsruhe	Duisburg
Fuchs, Hermann	Karlsruhe	Lemberg
Goebel, Hermann	Karlsruhe	Dormigen a Rh
Gorz, Ida	Frankfurt, Erbach, Hemsbach	Lubeck
Graber, Otto	Karlsruhe	Eberbach a N
Grimm, Artur	Karlsruhe	Mudau i O
Guntermann, Wilhelm	Karlsruhe	Bensheim
Hagemann, Oskar	Karlsruhe	Holoubkau
Hartel, Elisabeth	Frankfurt	Frankfurt a M
Hartmann, Albert	Erbach	Darmstadt
Hausamann, Hans	Karlsruhe	Stetten
Herterich, Hermann	Frankfurt	Frankfurt a M
Hoffmann, Gustav	Karlsruhe	Grotzingen
Hofsaß, Ludwig	Karlsruhe	Karlsruhe
v Holzhausen, Erna	Frankfurt, Amorbach	Frankfurt a M

Namen	Studienaufenthalt	Heimat
Jordan, Anna	Hemsbach	Magdeburg
Justitz, Alfred	Karlsruhe	Neu Carekwe
Klotz, Helene	Frankfurt	Frankfurt a M
Koch, Julius	Karlsruhe	Achern
Kolwel, Eduard	Karlsruhe	Zweibrucken
Krause, Erich	Karlsruhe	Griesel bei Dresden
Kurtz, Luise	Amorbach	Osthofen bei Worms
Kusche, Paul	Karlsruhe	Karlsruhe
Lambertenghi, Graf	Frankfurt	Italien
Laumen, Marie	Erbach, Hemsbach	Munchen
Leiber, Otto	Karlsruhe	Karlsruhe
Leipold, Fraulein	Frankfurt	Frankfurt a M
Leonhard, Werner	Karlsruhe	Freiburg
Lindt Toni	Frankfurt	Frankfurt a M
Link, Wilhelm	Karlsruhe	Karlsruhe
Lißmann, Friedrich	Karlsruhe	Hamburg
Luthmer, Emmy	Frankfurt	Frankfurt a M
Macklot, Kamill	Karlsruhe	Karlsruhe
Meckel, Heinz	Karlsruhe	Posen
Meid, Hans	Karlsruhe	Pforzheim
Munzer, Alice	Frankfurt	Frankfurt a M
Oswalt, Mary	Frankfurt	Frankfurt a M
Piderit, Klotilde	Frankfurt Hemsbach	Hanau
Plock, Ludwig Wilhelm	Karlsruhe	Karlsruhe
Poppe, Georg	Karlsruhe	Wartha i Schl
Pretzfelder Max	Karlsruhe	Nurnberg
Reinhardt, Elisabeth	Frankfurt	Frankfurt a M
Rheinboldt, Adolf	Karlsruhe	Karlsruhe
Rhode, Adolf	Karlsruhe	Misdroy
Rosenthal, Else	Frankfurt, Marbach	Berlin
Ruppert, Fritz	Karlsruhe	Karlsruhe
Schaefer, Elly	Frankfurt, Amorbach	Marburg
v Schaurotn, Lina	Frankfurt	Frankfurt a M
Schinnerer, Adolf	Karlsruhe	Erlangen
Schmidt, Karl Friedrich	Karlsruhe	Mannheim
Schmitt, Otto	Karlsruhe	Karlsruhe
Schnars, Alfred	Karlsruhe	Hamburg
Schoenemann, Martha	Frankfurt	Frankfurt a M
Schold, Julius	Karlsruhe	Hamburg
Scholz, Georg	Karlsruhe	Wolfenbuttel
Seelos, Eugen	Karlsruhe	Laudenbach
Sonntag Lore	Frankfurt	Frankfurt a M
Speidel, Werner	Karlsruhe	Elberfeld
Sprung, Hans	Karlsruhe	Koblenz
v Straschiripka Canon, Hans, jun	Karlsruhe	Wien
Sutter, Hans, ?	Karlsruhe	Mainz
Treuner, Hermann	Frankfurt	Frankfurt a M
Vesco, Tino	Frankfurt	Osterreich
Weih, Franz	Karlsruhe	Baden-Baden
Wusthoff, Maria	Frankfurt, Marbach, Hemsbach	Frankfurt a M
Zabotin Wladimir	Karlsruhe	Kiew (Rußland)

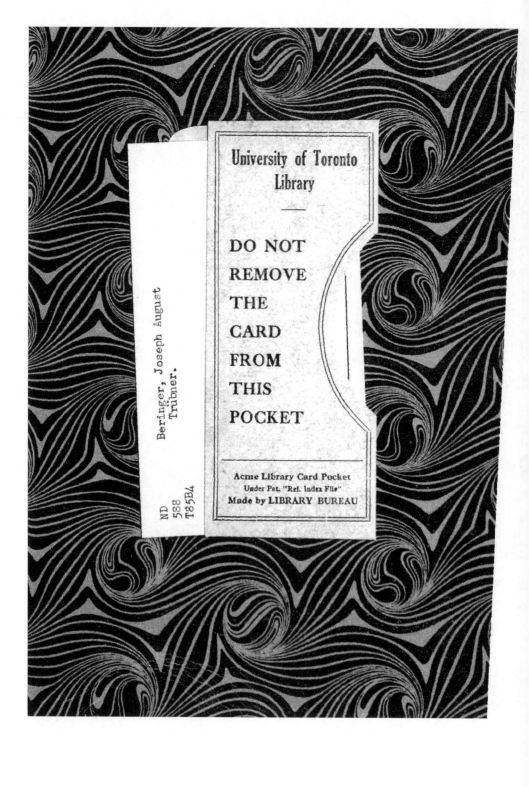

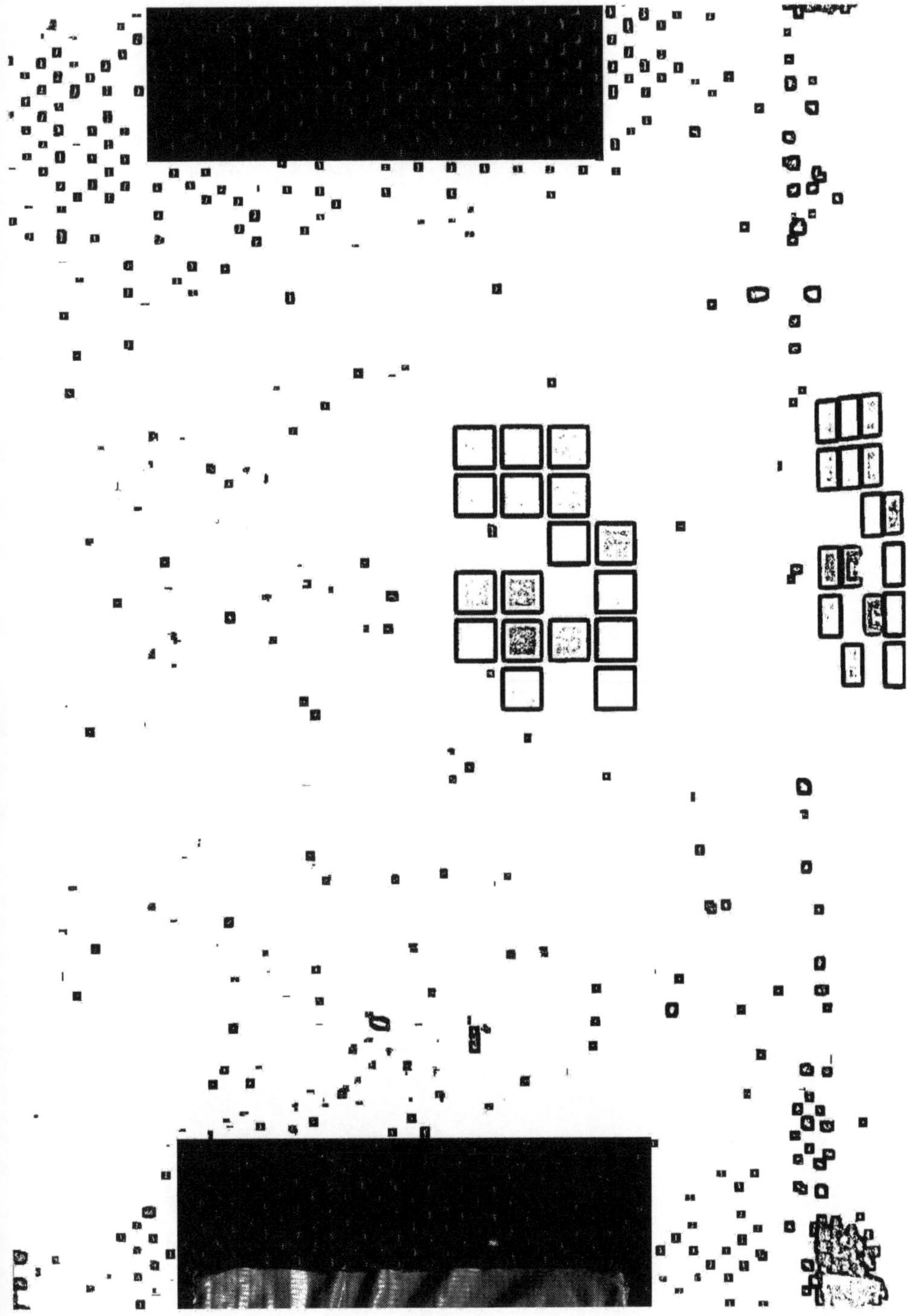

Lightning Source UK Ltd.
Milton Keynes UK
UKHW011035100223
416708UK00005B/183